はしがき

　本書は「自身の意見や考えを英語で適切かつ的確に発信するための基礎力を身につける」ことを主たる目的としています。

　近年グローバル化が進み、人・モノ・情報のボーダーレスな移動が活発となったことで、外国語（特に英語）で世界中の人々と「コミュニケーション」をとる機会が多くなりました。加えて、情報通信技術の進歩により、E-メールやSocial Networking Service（SNS）などのメディアが登場し、自国にいながらにして、他国の人々と「コミュニケーション」をとることが今まで以上に容易になっています。

　本書では「コミュニケーション」を「話し手と聞き手とが交互にその役割を担い合い、互いの持つ情報や考えなどを交換・共有すること」と定義し、作成に着手しました。コミュニケーションの第一歩として、如何なる人も自らの意見や考えを発信することが求められるのは言うまでもありません。しかしながら、特に外国語の運用下では常に誤解や衝突を生みやすく、それを「回避する」能力もより良い国際関係を築くために欠かすことができません。E-メールやSNSを用いた場合などの「目の前に相手がいない状況」で情報を伝え合わなければならない場合ではなおさら円滑な意思伝達が肝要であり、その成就には、話し手・聞き手の両者にとっての「共有化した法則；ルール」に基づいた表現力が求められることでしょう。そうした「法則；ルール」に基づいた能力が基盤となることで、自身の意見や考えを文字に起こしたものがWritingとして、音声に変換したものがSpeakingとして具現化されます。そして、両者によって具現化された相手の考えを理解する能力がここに加味されることで「コミュニケーション」へと発展することになります。

　以上の能力獲得を目指し、本書は主に下記の特徴を有しています。

- ■「適切かつ的確な発信力」の育成を念頭に、その基礎となる英文作成に最低限必要になると考えられる項目を24Unitsに分類。各ユニットは、共通して、Step1-2が基礎編（英文構造のパターン習得）、Step3は応用編（そのパターン解釈・活用）から構成され、リメディアルからプラクティカルまで着実にステップ・アップできるようなプロセスを採用している。
- ■Step1-2の基礎編では、文法用語の使用を可能な限り控え、例文・図示による理解を主体とした学習方法でもって発信力の基礎の構築を目指す。その一方で、Step3の応用編では、現代の時勢を反映した様々なトピックに関するReading設問を取り入れ、学習者に向かって発信されたものにも「習得事項を適用できる」能力の育成を図っている。
- ■各ユニットでは学習事項を大別して2種類に集約させ、「適切かつ的確な発信力」の育成に昇華するための演習形式を徹底している。また、各ユニットの最後には、セルフ・イントロダクション、ディスカッションなどの設問が配置され、学習事項を踏まえた総合力の獲得ならびにその確認を学習者自身がしっかりと行える流れとなっている。

　本書を通して、「自らの意見や考えを英語で発信できる」という自信をもち、世界中の人々と積極的にコミュニケーションをとろうとする人材の育成に貢献することができればこれに勝る喜びはありません。

　末筆になりますが、本書の上梓にあたり、松柏社 森 信久社長、さらに編集スタッフの方々には我々の教育コンセプトにご賛同頂いたばかりか、時として遅筆な場合でさえ根気よく支えて頂きました。また、本書で使用されている英文の自然さをチェック頂いたインフォーマントの皆さま、方法論の実践の中で有益な意見を頂いた学生諸君にも多大なご協力を頂きました。この場をお借りして心から感謝の意を申し上げる次第です。

2016年 秋　　　　　　　　　　　　　　　　　　　　　　　　　　　　著者一同

Contents

UNIT 01 「〈人〉または〈物〉は／が〜する」のパターン
第1文型をとる動詞と第3文型をとる動詞 …… 4

UNIT 02 「〈人〉に〈物〉を〜する」のパターン
第4文型をとる動詞 …… 10

UNIT 03 人や物を説明しよう(1)
第2文型をとる動詞 …… 16

UNIT 04 人や物を説明しよう(2)
第5文型をとる動詞 …… 22

UNIT 05 「いつも〜している」のパターンと「〜した」のパターン
現在時制と過去時制 …… 28

UNIT 06 「これから〜するつもりだ」のパターン
未来を表す表現 …… 34

UNIT 07 「今〜している」のパターンと「その時〜していた」のパターン
現在進行形と過去進行形 …… 40

UNIT 08 過去のことが現在まで影響する形
現在完了形 …… 46

UNIT 09 「話し手の気持ち」を表す表現
法助動詞① …… 52

UNIT 10 「相手の気持ち」を尋ねる表現
法助動詞② …… 58

UNIT 11 「〜すること」を表す2種類の形
to不定詞と動名詞 …… 64

UNIT 12 2種類の「〜すること」の形を区別する方法
「未来」を表すto不定詞と「現在・過去」を表す動名詞 …… 70

UNIT 13 「〜するために」と「〜して」を表す形
to不定詞の副詞的用法 ……………………………………………… 76

UNIT 14 「〜するための」と「〜するという」を表す形
to不定詞の形容詞的用法 …………………………………………… 82

UNIT 15 「〜される」を表す形
受動態 ………………………………………………………………… 88

UNIT 16 「〜している」を表す形
現在分詞の形容詞的用法 …………………………………………… 94

UNIT 17 「〜された」を表す形
過去分詞の形容詞的用法 …………………………………………… 100

UNIT 18 ２つの文を１つにする方法（１）
関係代名詞の主格と目的格 ………………………………………… 106

UNIT 19 ２つの文を１つにする方法（２）
関係代名詞の所有格と関係代名詞what …………………………… 112

UNIT 20 ２つのものをつないでみよう
接続詞 ………………………………………………………………… 118

UNIT 21 疑問文を作る方法と疑問文を別の文の一部にする方法
疑問詞疑問文と間接疑問文 ………………………………………… 124

UNIT 22 「現実離れしたこと」を表す形
仮定法 ………………………………………………………………… 130

UNIT 23 「２つのもの」を比べる表現
原級と比較級 ………………………………………………………… 136

UNIT 24 「順位」を表す表現
最上級 ………………………………………………………………… 142

UNIT 01 「〈人〉または〈物〉は／が～する」のパターン

第1文型をとる動詞と第3文型をとる動詞

STEP 1

まずは「〈人〉または〈物〉は／が～する」の形をマスターしましょう。

ポイント！

〈人〉または〈物〉 + 動詞 :「〈人〉または〈物〉｛は／が｝～する」
　主語　　　　　　　　　　　　　主語

◆ 動詞の後ろには〈場所〉や〈時〉を表す語句がくることが多い

例　run(走る)： We run in the park every morning. （私たちは 毎朝 公園で 走っています）
　　　　　　　　主語 動詞 〈場所〉　　〈時〉　　　　　　主語　〈時〉〈場所〉　動詞

　　work(働く)： I work here every weekend. （私は 毎週末 ここで 働いています）
　　　　　　　　主語 動詞〈場所〉　〈時〉　　　　　　主語 〈時〉〈場所〉　動詞

Q 01 次の(1)－(4)の単語の意味を辞書で調べ、当てはまるものを下の枠内から選び、（　）に書きましょう。

(1) live　　（　　　　　　　　　）　　(3) swim　（　　　　　　　　　）
(2) stand　（　　　　　　　　　）　　(4) walk　（　　　　　　　　　）

歩く　泳ぐ　住む／住んでいる　立つ／立っている

Q 02 次の(1)－(5)の日本文の意に合うように、下線部に [ ] の中の語句を入れ、英文を作りましょう。ただし、文頭に来る語句も小文字にしてあります。

(1) 私たちは 放課後 グラウンドで 走っています。　[on the ground / run / we]
　　主語　　〈時〉　〈場所〉　　　　動詞

_____　_____　_____ after school.
　　主語　　　　　　　　動詞　　　　　　　〈場所〉　　　　　〈時〉

(2) 私は毎朝学校に歩いていきます。 [I / to school / walk]

_____　_____　_____ every morning.

4

「〈人〉または〈物〉は／が〜する」のパターン ● 第1文型をとる動詞と第3文型をとる動詞　UNIT 01

(3) 彼らは日本に住んでいます。　[in Japan / live / they]

_____　_____　_____ .

(4) 彼らは毎朝校門のところに立っています。　[at the school gate / stand / they]

_____　_____　_____ every morning.

(5) 私は毎日工場で働いています。　[at a factory / I / work]　〔※ 工場：factory〕

_____　_____　_____ every day.

STEP 2

次にもう一つの基本形をマスターしましょう。

ポイント！

主語 + 動詞 + 〈人〉 または 〈物〉 ：「主語 {は／が} 〈人〉または〈物〉を〜する」

◆〈場所〉や〈時〉を表す語句を入れる場合〈人〉または〈物〉の後ろに置く

例　love（〜を愛している）：I love you.　（私は あなたを 愛しています）
　　　　　　　　　　　　　　 主語 動詞 〈人〉　　 主語　〈人〉　動詞

　　read（〜を読む）：I read a newspaper every morning.　（私は 毎朝 新聞を 読んでいます）
　　　　　　　　　　　 主語 動詞　〈物〉　　　　〈時〉　　　　主語〈時〉〈物〉　動詞

Q 03 次の(1)−(8)の単語の意味を辞書で調べ、当てはまるものを下の枠内から選び、( )に書きましょう。

(1) borrow　(　　　　　)　　(5) know　(　　　　　)
(2) eat　　　(　　　　　)　　(6) leave　(　　　　　)
(3) enjoy　 (　　　　　)　　(7) see　　(　　　　　)
(4) have　　(　　　　　)　　(8) wash　(　　　　　)

〜を洗う　〜を借りる　〜を知っている　〜を楽しむ
〜を食べる　〜を出発する　〜を持っている　〜を見る

Q 04 次の（1）−（4）の日本文の意に合うように、下線部に［ ］の中の語句を入れ、英文を作りましょう。ただし、文頭に来る語句も小文字にしてあります。

🔊 Audio 02

(1) 私は 毎週月曜日に この雑誌を 読んでいます。
　　主語　　〈時〉　　　〈物〉　　　動詞
　　［ I / this magazine / read ］〔※雑誌：magazine〕

　_____ _____ _____ every Monday.
　　　主語　　　　　　動詞　　　　　〈物〉　　　〈時〉

(2) 私たちは彼女のお父さんを知っています。［ know / her father / we ］

　_____ _____ _____ .

(3) 私は週に一度私の車を洗っています。
　　［ my car / wash / I ］〔※週に一度：once a week〕

　_____ _____ _____ once a week.

(4) 私は毎朝ここで朝食を食べています。［ eat / I / breakfast ］

　_____ _____ _____ here every morning.

主語が he や she の場合には、動詞の後ろに -s や -es をつけます！

I love you. （私はあなたを愛しています）
⇨ He love**s** you. （彼はあなたを愛しています）
⇨ She wash**es** her car once a week.
（彼女は週に一度自分の車を洗っています）

「〈人〉または〈物〉は／が〜する」のパターン ● 第1文型をとる動詞と第3文型をとる動詞   UNIT 01

総合演習問題

Q 05 次のpassageを読み、以下の(1)−(3)の設問にトライしましょう。

🔊 Audio 03

　Stargazing today seems like a difficult activity. Even if you ①[live / live in] a rural area, you cannot have a clear view of the stars. We ②[use / use at] artificial lights at night in order to (A) **ease** our life, but, by doing that, we miss out on the beauty of nature. Although artificial lights are convenient for humans, they are harmful for nature. That is because power plants (B) **cause** air and water pollution. At present, scientists try to ③[find / find on] ways to blend convenience with preservation.

(1) 自動詞と他動詞の違いに注意して、①−③の[ ]内の表現について、適切なものを選び、○で囲みましょう。

(2) 下線部 (A) — (B) の単語について、自動詞か他動詞かを答えましょう。また、辞書を使ってそれぞれの意味を調べましょう。

(A) 自動詞 or 他動詞 : (　　　　　　)　　意 味 : (　　　　　　　　　　)

(B) 自動詞 or 他動詞 : (　　　　　　)　　意 味 : (　　　　　　　　　　)

(3) 本文の内容に一致するものにはＴに、一致しないものにはＦに○をつけましょう。

① 田舎に住みさえすれば、星をはっきりと見ることができる。　　［ T / F ］
② 電気などの人工の光のおかげで、自然の美しさを見逃すことがなくなった。　［ T / F ］
③ 科学者は生活の便利さと自然の保護の両立を図ろうとしている。　［ T / F ］

Q 06 次の (1)－(5) の英文に続くものとして最もふさわしいものを右側の選択肢から選び、線で結びましょう。（ただし、結べるものは1つしかありません）。

(1) We swim　　・　　　　　　　　　・　a friend in Canada.
(2) We enjoy　　・　　　　　　　　　・　in the sea in summer.
(3) We have　　・　　　　　　　　　・　my house at 8 a.m.
(4) We walk　　・　　　　　　　　　・　a movie once a week.
(5) We leave　　・　　　　　　　　　・　to school every morning.

Q 07 次の (1)－(4) の日本文の意に合うように (　) 内から適切なものを選び、○で囲みましょう。

(1) 私たちは放課後校庭で走っています。〔※校庭：playground〕
　　We run (on the playground / the playground) after school.

(2) 私は毎日朝食にトマトを食べています。
　　I eat (tomatoes / in tomatoes) for breakfast every day.

(3) 私は週に一度このレストランで働いています。〔※レストラン：restaurant〕
　　I work (at this restaurant / this restaurant) once a week.

(4) 私たちは月に一度パーティを楽しんでいます。〔※パーティ：party、月に一度：once a month〕
　　We enjoy (a party / on a party) once a month.

Q 08 これまでに学習した内容を参考にして、次の(1)－(4)の日本文の意に合う英文を作りましょう。

🔊 Audio 04

(1) 私は毎日この喫茶店で**朝食を食べ**ます。

_____ at this coffee shop every day.

(2) 彼らは福井に**住んで**います。

_____

(3) 私たちは毎週水曜日に図書館で**本を借り**ます。〔※ 図書館：library〕

_____ every Wednesday.

(4) 彼は毎週金曜日に**映画を見て**います。

_____ every Friday.

Q 09 例にならって [　] 内の動詞を使い、(1)－(3) のことについて自分のことを紹介しましょう。なお、当てはまる語が分からない場合は辞書などで調べましょう。

(例) 好きな食べ物　[love]
　　I love curry and rice.

(1) 住んでいる都市　[live]

_____

(2) 好きなスポーツ　[love]

_____

(3) 週に一度は食べるもの　[eat]

_____

UNIT 02 「〈人〉に〈物〉を〜する」のパターン
第4文型をとる動詞

STEP 1

まずは「〈人〉に〈物〉を〜する」のパターンをマスターしましょう。

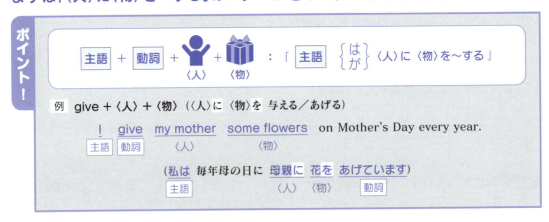

Q 01 次の(1)−(3)の日本文の意に合うように( )内から適切なものを選び、○で囲みましょう。

(1) 先生は毎週私たちにたくさんの宿題を与えています。
   Our teachers give (us a lot of homework / a lot of homework us) every week.

(2) 私たちは父の日に父親に何本かのバラをあげています。〔※バラ：rose〕
   We give (our father some roses / some roses our father) on Father's Day.

(3) 彼の母は毎月彼に3千円をあげています。〔※円：yen〕
   His mother gives (3,000 yen him / him 3,000 yen) every month.

Q 02 次の(1)−(4)の日本文の意に合うように、下線部に[ ]の中の語句を入れ、英文を作りましょう。

【 give と同じように、このパターンで使える動詞 】
make +〈人〉+〈物〉（〈人〉に〈物〉を 作る）　send +〈人〉+〈物〉（〈人〉に〈物〉を 送る）
show +〈人〉+〈物〉（〈人〉に〈物〉を 見せる）　buy +〈人〉+〈物〉（〈人〉に〈物〉を 買う） etc.

(1) 私は毎年自分の子供に新しい本を買っています。[buy / new books / my child]
   I _____ _____ every year.

(2) 姉たちは私の誕生日に私にケーキを作ります。［ a cake / make / me ］

My sisters ＿＿＿＿＿＿ ＿＿＿＿＿＿ ＿＿＿＿＿＿ for my birthday.

(3) 私は毎日兄にメールを送っています。［ an e-mail / my brother / send ］

I ＿＿＿＿＿＿ ＿＿＿＿＿＿ ＿＿＿＿＿＿ every day.

(4) 両親はよく私に猫の写真を見せます。
［ me / pictures of their cats / show ］〔※よく：often〕

My parents often ＿＿＿＿＿＿ ＿＿＿＿＿＿ ＿＿＿＿＿＿ ．

STEP 2

次にもう一つの「〈人〉に〈物〉を～する」のパターンをマスターしましょう。

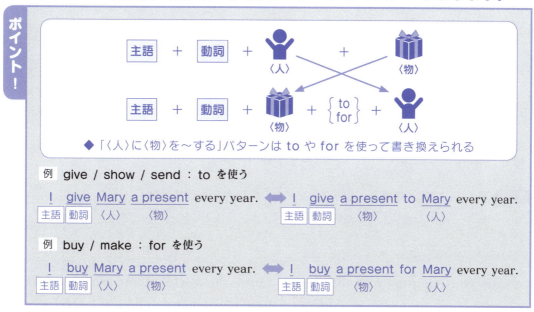

Q 03 次の(1)－(7)の日本文の意に合うように、下線部に［　］の中の語句を入れ、英文を作りましょう。ただし、不要な語句が1つ入っています。

🔊 Audio 05

(1) 先生は毎週私たちに宿題を与えています。
　　［ homework / for / give / to / us ］

Our teachers ＿＿＿＿＿ ＿＿＿＿＿ ＿＿＿＿＿ ＿＿＿＿＿
every week.

(2) 私たちは父の日に父親にバラをあげています。［ for / give / our father / some roses / to ］

We ＿＿＿＿＿ ＿＿＿＿＿ ＿＿＿＿＿ ＿＿＿＿＿
on Father's Day.

(3) 彼の母は毎月彼に３千円をあげています。［3,000 yen / for / gives / him / to］

His mother ＿＿＿＿ ＿＿＿＿ ＿＿＿＿ ＿＿＿＿ every month.

(4) 私は毎年自分の子供に新しい本を買っています。［buy / for / my child / new books / to］

I ＿＿＿＿ ＿＿＿＿ ＿＿＿＿ ＿＿＿＿ every year.

(5) 姉たちは私の誕生日に私にケーキを作ります。［a cake / for / make / me / to］

My sisters ＿＿＿＿ ＿＿＿＿ ＿＿＿＿ ＿＿＿＿ for my birthday.

(6) 私は毎日兄にメールを送っています。［an e-mail / for / my brother / send / to］

I ＿＿＿＿ ＿＿＿＿ ＿＿＿＿ ＿＿＿＿ every day.

(7) 両親はよく私に猫の写真を見せます。［for / me / show / pictures of their cats / to］

My parents often ＿＿＿＿ ＿＿＿＿ ＿＿＿＿ ＿＿＿＿ .

STEP 3

総合演習問題

Q 04 次のpassageを読み、以下の(1)－(3)の設問にトライしましょう。

 Audio 06

Can you imagine yourself in the fantastic world of the Science-Fiction movies? You can drive flying cars or chat with robots there. (A) Nowadays little by little technology and science give us these opportunities. In fact, now you can drive cars on batteries instead of oil or just by wearing some glasses
5 you can access Internet data. Human-like robots have the ability to communicate and answer customers' demands. Just by clicking a button on our computer or smartphone, we can buy goods from all over the world. Our daily life has become convenient through all these automated machines. (B) All these developments offer us a glimpse of our future, just like a Science-Fiction
10 movie with us as main actors.

「〈人〉に〈物〉を〜する」のパターン ● 第4文型をとる動詞 UNIT 02

(1) 下線部 (A) の文を参考にして、次の①－②の日本文の意に合うように、下線部に [ ] 内の語句を入れ、英文を作りましょう。

① 彼は恋人に婚約指輪をあげたかった。
 [the engagement ring / his girlfriend / give]

 He wanted to ＿＿＿＿＿＿＿＿ ＿＿＿＿＿＿＿＿ ＿＿＿＿＿＿＿＿ .

② 30分後に私に電話をよこしてください。[a call / me / give]

 Please ＿＿＿＿＿＿ ＿＿＿＿＿＿ ＿＿＿＿＿＿ 30 minutes later.

(2) 下線部 (B) を日本語に訳しましょう。

 (　　　　　　　　　　　　　　　　　　　　　　　　　　　　　　　)

(3) 本文の内容に一致するものには T に、一致しないものには F に○をつけましょう。

 ① 眼鏡をかけるだけで様々な情報に触れることができる時代が来ている。　　[T / F]
 ② インターネットで買い物をするにはパソコンからしかアクセスできない。[T / F]
 ③ 私たちの生活が機器によって便利になるにはまだ時間がかかる。　　　　　[T / F]

Q 05 次の(1)−(6)の日本文の意に合うように、下線部に[ ]の中の語句を入れ、英文を作りましょう。ただし、文頭に来る語句も小文字にしてあります。

🔊 Audio 07

(1) 姉たちは毎週末に私たちに夕食を作ってくれます。
　　[dinner / every weekend / make / my sisters / us] 〔※毎週末：every weekend〕
　　_____ _____ _____ _____ _____ .

(2) 私たちはよく両親に自分たちの写真を見せています。
　　[often / our pictures / show / our parents / we]
　　_____ _____ _____ _____ _____ .

(3) 私はバレンタインデーに父親にチョコレートをあげています。
　　[chocolate / give / I / my father] 〔※バレンタインデー：Valentine's Day、チョコレート：chocolate〕
　　_____ _____ _____ _____ on Valentine's Day.

(4) たくさんの親が子供たちにスマートフォンを与えています。
　　[a lot of parents / a smartphone / give / their children / to]
　　_____ _____ _____ _____ _____ .

(5) 祖父母は週に一度私にアイスを買ってくれます。
　　[an ice cream / buy / for / me / my grandparents] 〔※祖父母：grandparents、アイス：ice cream〕
　　_____ _____ _____ _____ _____
　　once a week.

(6) 両親は月に一度兄に食べ物を送っています。
　　[food / my brother / my parents / send]
　　_____ _____ _____ _____ once a month.

Q 06 右ページの(1)−(2)のイラストの内容を英語で表現しましょう。

(1) _____ every year.

(2) _____ every year.

「〈人〉に〈物〉を～する」のパターン ● 第4文型をとる動詞　UNIT 02

(1)

(2)

Q 07 このUnitで学んだ以下の動詞の中から2つ選び、例にならって自分自身に当てはめて英文を作りましょう。

> buy / give / make / send / show

（例）I give my mother some flowers on Mother's Day every year.

(1) _____

(2) _____

UNIT 03 人や物を説明しよう（1）

第2文型をとる動詞

STEP 1

まずは「主語は／が〈A〉だ」を表す形をマスターしましょう。

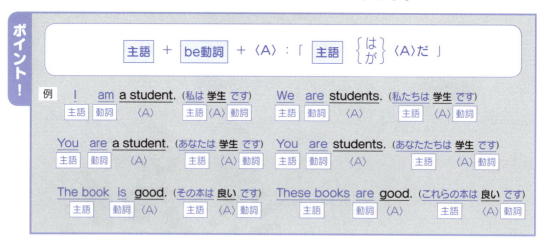

Q 01 be動詞は、主語に合わせて am, are, is に形が変化します。次の (1)－(8) の主語に合わせてbe動詞の形を変化させましょう。

(1) I _____　(5) My mother _____

(2) You _____　(6) The girls _____

(3) We _____　(7) The book _____

(4) They _____　(8) These flowers _____

Q 02 次の (1)－(4) の日本文の意に合うように、下線部に [ ] の中の語句を入れ、英文を作りましょう。ただし、be動詞は主語に合わせて形を変えましょう。また、文頭に来る語句も小文字にしてあります。

(1) みなさん、こんにちは。私は田中 太郎です。 [be / I / Taro Tanaka]

　　Hello, everyone. _____ _____ _____ .

(2) 私たちは日本人です。 [be / Japanese / we]

　　_____ _____ _____ .

人や物を説明しよう（1） ● 第2文型をとる動詞　UNIT 03

(3) 私の息子は6歳です。［ be / six years old / my son ］

　_____　_____　_____ ．

(4) その本は役に立ちます。［ be / the book / useful ］〔※役に立つ：useful〕

　_____　_____　_____ ．

否定文や疑問文を作ってみましょう

I am a student. ⇨ I am not a student.
You are a student. ⇨ You are not [aren't] a student. / Are you a student?
This book is good. ⇨ This book is not [isn't] good. / Is this book good?

STEP 2

次にbe動詞の代わりに他の動詞を入れた形をマスターしましょう。

ポイント！

主語 ＋ look(s) ＋ 〈A〉 ： 「 主語 ｛は／が｝ 〈A〉のように見える 」

例　You are happy.（あなたは 幸せ です）⇨ You look happy.（あなたは 幸せ そうに見えます）
　　主語 動詞 〈A〉　　　主語 〈A〉 動詞　　　主語 動詞 〈A〉　　　主語 〈A〉 動詞

　　She is young.（彼女は 若い です）⇨ She looks young.（彼女は 若 そうに見えます）
　　主語 動詞 〈A〉　　　主語 〈A〉 動詞　　　主語 動詞 〈A〉　　　主語 〈A〉 動詞

Q 03 下の　　　内の表現を参考にして、次の (1)－(4) の日本文の意に合うように、下線部に適切な語句を入れ、英文を作りましょう。

【 be動詞の代わりに、このパターンで使える動詞 】

look（〜のように見える）、　　seem（〜のように思われる）、　　sound（〜のように聞こえる）、
taste（〜のような味がする）、　smell（〜のような匂いがする）、　feel（〜のような感じがする）、
become（〜になる）　　　　　　　　　　　　　　　　　　　　　　　　　　　　　　　　etc.

（1） a. あなたは若いです。

　　　You _____ young.

　　b. あなたは若そうに見えます。

　　　You _____ young.

（2） a. 私の母は病気です。

　　　My mother _____ sick.

　　b. 私の母は病気のように思われます。

　　　My mother _____ sick.

（3） a. これらの歌は良いです。

　　　These songs _____ good.

　　b. これらの歌は良く聞こえます。

　　　These songs _____ good.

（4） a. 秋は、葉が赤いです。

　　　In fall, leaves _____ red. 〔※葉：leaves（leaf の複数形）〕

　　b. 秋は、葉が赤くなります。

　　　In fall, leaves _____ red.

人や物を説明しよう（1） ● 第2文型をとる動詞　UNIT 03

STEP 3
総合演習問題

Q 04 次のpassageを読み、以下の(1)－(3)の設問にトライしましょう。

 Audio 08

　　Food culture changes according to each country. It is not just about eating the food but about whether or not it ① [looks goodness / looks good] on your plate. Some high school students in Japan have a cute homemade lunchbox. On the other hand, if you (A) (be) a European student, your lunchbox (B) (be) just a sandwich. The kids ② [look happiness / look happy] when they receive a character lunchbox. Even vegetables possibly become favorite food for them if their mothers decorate them in a fun way.

(※ルビ: according to ～に応じて、whether or not ～かどうか、On the other hand 一方で、possibly ひょっとすると、favorite お気に入りの、decorate ～飾りつける)

(1) ①－②の [ ] 内の表現のうち適切なものを選び、○で囲みましょう。

19

(2) (A) − (B) の ( ) 内の be 動詞を正しい形に直しましょう。

(A) _____

(B) _____

(3) 本文の内容に一致するものには T に、一致しないものには F に○をつけましょう。

① 各国の食文化は食べることだけを重要視している。　　　　　[T / F]
② ヨーロッパの学生のお弁当も可愛く飾りつけられている。　　[T / F]
③ どのように飾りつけても子供は野菜を好きにならない。　　　[T / F]

Q 05 次の(1)−(5)の英文の意に合う日本文を右側の選択肢から選び、線で結びましょう。

(1) These flowers are beautiful.　・　　・(a) この部屋は寒く感じます。
(2) You look happy.　　　　　　　・　　・(b) これらの本は役に立ちそうに思えます。
(3) These books seem useful.　　 ・　　・(c) これらの花は美しい。
(4) This is Mr. Tanaka.　　　　　・　　・(d) あなたは幸せそうに見えます。
(5) This room feels cold.　　　　・　　・(e) こちらは田中氏です。

Q 06 次の(1)−(7)の日本文の意に合うように、下線部に [ ] の中の語句を入れ、英文を作りましょう。ただし、不要な語が一つあります。また、文頭に来る語句も小文字にしてあります。

🔊 Audio 09

(1) 彼女は日本人です。　[is / Japanese / looks / she]

_____ _____ _____ .

(2) 私の母は若そうに見えます。　[is / looks / my mother / young]

_____ _____ _____ .

(3) あなたは病気のように思えます。　[are / seem / sick / you]　〔※病気の:sick〕

_____ _____ _____ .

(4) これらの食べものは辛い味がします。　[are / hot / taste / these foods]　〔※辛い:hot〕

_____ _____ _____ .

(5) この牛乳は酸っぱい匂いがする。　[is / smells / sour / this milk]　〔※酸っぱい:sour〕

_____ _____ _____ .

人や物を説明しよう（1） ● 第2文型をとる動詞　UNIT 03

(6) このソファーは快適に感じます。
　　[comfortable / feels / is / this sofa]〔※快適な：comfortable〕

　　_____ _____ _____ ．

(7) 彼の話は面白く聞こえます。
　　[his story / interesting / is / sounds]〔※話：story、面白い：interesting〕

　　_____ _____ _____ ．

Q 07 次の(1)－(4)の日本文の意に合う英文を作りましょう。

(1) みなさん、こんにちは。私は［自分の名前（名・姓の順）］です。
　　_____

(2) これらの食べものは辛そうに見えます。
　　_____

(3) これらの花は甘い匂いがします。〔※甘い：sweet〕
　　_____

(4) オタマジャクシはカエルになります。〔※オタマジャクシ：tadpoles、カエル：frogs〕
　　_____

21

UNIT 04 人や物を説明しよう（2）
第5文型をとる動詞

STEP 1

まずは「主語は/が〈人〉または〈物〉を〈A〉と/に…する」の形をマスターしましょう。

例　主語＋call＋〈人〉または〈物〉＋〈A〉　（主語は〈人〉または〈物〉を〈A〉と呼ぶ）

Please call me Hiro. （私を ヒロと 呼んでください）

主語＋choose＋〈人〉または〈物〉＋〈A〉　（主語は〈人〉または〈物〉を〈A〉に選ぶ）

He always chooses a man team leader. （彼はいつも 男性を チーム・リーダーに 選びます）

Q 01 下の　　　内の表現を参考にして、次の（1）－（6）の日本文の意に合うように、下線部に［　］の中の語句を入れ、英文を作りましょう。

【 callやchooseと同じように、このパターンで使える表現 】
name＋〈人〉＋〈A〉（〈人〉を〈A〉と名付ける）、elect＋〈人〉＋〈A〉（〈人〉を（投票で）〈A〉に選ぶ）　etc.

(1) 私たちはふだんうちの犬をベスと呼んでいます。［ Beth / call / our dog ］〔※ふだん：usually〕

　　We usually ＿＿＿＿＿＿＿＿＿ ＿＿＿＿＿＿＿＿＿ ＿＿＿＿＿＿＿＿＿ .

(2) この会社はいつも男性を社長に選びます。
　　［ president / a man / chooses ］〔※会社：company、いつも：always、社長：president〕

　　This company always ＿＿＿＿＿＿＿＿＿ ＿＿＿＿＿＿＿＿＿ ＿＿＿＿＿＿＿＿＿ .

(3) 多くの親は今でも長男をイチローと名付けます。
　　［ Ichiro / name / their first son ］〔※今でも：still、長男：first son〕

　　A lot of parents still ＿＿＿＿＿＿＿＿＿ ＿＿＿＿＿＿＿＿＿ ＿＿＿＿＿＿＿＿＿ .

人や物を説明しよう（2）● 第5文型をとる動詞　UNIT 04

(4) 彼らはいつも**女性を議長に**選びます。［ a woman / elect / chairperson ］〔※議長：chairperson〕

They always _____ _____ _____ .

(5) 友人たちはときどき**私をジョニーと**呼びます。
　　［ me / call / Johnny ］〔※ときどき：sometimes、ジョニー：Johnny〕

My friends sometimes _____ _____ _____ .

(6) 私たちのコーチはよく**上手い選手をチームの主将に**選びます。
　　［ a good player / captain of our team / chooses ］〔※コーチ：coach、主将：captain〕

Our coach often _____ _____ _____ .

STEP 2

次にStep 1で扱った動詞以外の動詞を使った形をマスターしましょう。

ポイント！

主語 + 動詞 + 〈人〉または〈物〉+〈A〉：「主語 は/が 〈人〉または〈物〉を〈A〉 と/に …する」

例 主語+make+〈人〉または〈物〉+〈A〉　（主語は〈人〉または〈物〉を〈A〉にする）

This picture always makes everyone sad. （この写真はいつも みんなを 悲しい気持ちに します）
主語　　　　　　　動詞　　〈人〉　　〈A〉　　　主語　　　　〈人〉　　〈A〉　　　動詞

主語+think+〈人〉または〈物〉+〈A〉　（主語は〈人〉または〈物〉を〈A〉と思う）

A lot of people think this book useful. （多くの人々は この本を 役に立つと 思っています）
主語　　　　　　動詞　　〈物〉　〈A〉　　　主語　　　〈物〉　　〈A〉　　　動詞

Q 02 下の　　　内の表現を参考にして、次の (1)－(6) の日本文に合うように、下線部に［　］の中の語句を入れ、英文を作りましょう。

【 makeやthinkと同じように、このパターンで使える表現 】
believe+〈人〉または〈物〉+〈A〉　（〈人〉または〈物〉を〈A〉と信じている）
keep+〈人〉または〈物〉+〈A〉　　（〈人〉または〈物〉を〈A〉(のまま)にしている）　　etc.

(1) この歌はいつも**私たちを悲しい気持ちに**します。［ sad / makes / us ］

This song always _____ _____ _____ .

(2) 私は**この映画をとてもおもしろいと**思っています。
　　［ think / very interesting / this movie ］

I _____ _____ _____ .

(3) 多くの親は自分の子供たちを正直だと信じています。
　　[believe / their children / honest]〔※正直な：honest〕

　　A lot of parents ＿＿＿＿＿＿＿＿ ＿＿＿＿＿＿＿＿ ＿＿＿＿＿＿＿＿ .

(4) 彼はふだん自分の机をきれいにしています。
　　[keeps / his desk / clean]〔※机：desk、きれいな：clean〕

　　He usually ＿＿＿＿＿＿＿＿ ＿＿＿＿＿＿＿＿ ＿＿＿＿＿＿＿＿ .

(5) その小説は多くの人々を幸せな気持ちにします。
　　[happy / makes / a lot of people]〔※小説：novel〕

　　The novel ＿＿＿＿＿＿＿＿ ＿＿＿＿＿＿＿＿ ＿＿＿＿＿＿＿＿ .

(6) 私たちはいつも自分たちの教室をきれいにしています。
　　[clean / keep / our classroom]〔※教室：classroom〕

　　We always ＿＿＿＿＿＿＿＿ ＿＿＿＿＿＿＿＿ ＿＿＿＿＿＿＿＿ .

STEP 3
総合演習問題

Q 03 次のpassageを読み、以下の(1)－(3)の設問にトライしましょう。

🔊 Audio 10

　　When we go on a holiday overseas, the planning, and the preparations are very hard. Most people think that this is a troublesome task. This is why travel agencies are so popular and in high demand. For their customers, (A) **a big percent of the travel agencies choose city-tour trips**. Travelers follow a
5　tight schedule, and they have no time to freely enjoy the culture and the beauty of the country they visit. On the other hand, (B) **preparing the trip by yourself [nervous / you / makes]** as it requires much time and a lot of information. If you need to choose which is better, ask a travel agency for planning your trip or do it by yourself, the opinions about this matter differ
10　from one person to another.

人や物を説明しよう（2） ● 第5文型をとる動詞 UNIT 04

(1) 下線部 (A) を日本語に訳しましょう。

    (   )

(2) 下線部 (B) の [ ] 内の語句を正しく並び替えて英文を作りましょう。

    preparing the trip by yourself ＿＿＿＿＿＿ ＿＿＿＿＿＿ ＿＿＿＿＿＿

(3) 本文の内容に一致するものにはTに、一致しないものにはFに○をつけましょう。

    ① 多くの人にとって海外旅行を計画することは大変なことである。　[T / F]
    ② 旅行会社のツアーでは、渡航先の美しさを自由に味わうことができる。　[T / F]
    ③ どんな人にとっても自分自身で旅行を企画するべきである。　[T / F]

Q 04 次の(1)－(4)の英文の意に合う日本文を右側の選択肢から選び、線で結びましょう。

(1) I usually call her Beth.　　　・　　・(a) 私はいつも彼女を正直だと信じています。
(2) I often choose her leader.　・　　・(b) 私はよく彼女をリーダーに選びます。
(3) I always make her happy.　・　　・(c) 私はふだん彼女をベスと呼んでいます。
(4) I always believe her honest.・　　・(d) 私はいつも彼女を幸せにしています。

Q 05 次の(1)−(6)の日本文の意に合うように、下線部に[　]内の語句を入れ、英文を作りましょう。ただし、文頭に来る語句も小文字にしてあります。

🔊 Audio 11

(1) 彼らはニューヨークをビッグアップルと呼んでいます。
[call / New York City / the Big Apple / they]

_____ _____ _____ _____ .

(2) 彼は冬には自分の部屋を暖かくしています。
[warm / keeps / his room / he]〔※暖かい：warm〕

_____ _____ _____ _____ in winter.

(3) そのバラはその公園をとても美しくしています。
[very beautiful / make / the roses / the park]〔※美しい：beautiful〕

_____ _____ _____ _____ .

(4) 彼の友人はこの物語を本当だと信じています。
[believes / his friend / this story / true]〔※本当の：true〕

_____ _____ _____ _____ .

(5) 多くの人はその本を役に立つと思っています。
[a lot of people / the book / think / useful]

_____ _____ _____ _____ .

(6) 私たちの先生はよく女生徒をリーダーに選びます。
[leader / a female student / often / chooses / our teacher]〔※女性の：female〕

_____ _____ _____ _____ .

Q 06 これまでに学習した内容を参考にして、次の(1)－(5)の日本文の意に合う英文を作りましょう。

(1) 私たちは彼女をベス (Beth) と呼んでいます。

_____

(2) 彼女はいつも自分の部屋をきれいにしています。

_____

(3) その歌は私を悲しい気持ちにします。

_____

(4) 彼はその友人を正直だと信じています。

_____

(5) 私はこの小説をおもしろいと思っています。

_____

UNIT 05 「いつも〜している」のパターンと「〜した」のパターン

現在時制と過去時制

STEP 1

まずは「いつも〜している」のパターンをマスターしましょう。

ポイント！

主語 ＋ 動詞（+-s/-es）（現在形） :「主語 は／が （いつも）〜している」

例 I watch TV every morning.　　（私は毎朝テレビを見ています）
　　動詞（現在形）

　　Mary sleeps at eleven every night.　　（メアリーは毎晩11時に寝ています）
　　　　動詞（現在形）

　　He usually goes to work by bus.　　（彼はふだんバスで仕事に行っています）
　　　　　　　動詞（現在形）

Q 01 次の(1)－(6)の単語に-sまたは-esをつけた形を辞書で調べて書きましょう。

(1) eat _____　　(4) wash _____

(2) make _____　　(5) study _____

(3) teach _____　　(6) have _____

Q 02 次の(1)－(4)の日本文の意に合うように、下線部に［　］の中の語句を入れ、英文を作りましょう。ただし、動詞の形は主語に合わせて変化させましょう。

(1) 母は月に一度私たちにケーキを作っています。［ a cake / make / us / once a month ］

My mother _____ _____ _____ _____ .

(2) 彼は毎週日曜日自分の車を洗っています。［ every Sunday / his car / wash ］

He _____ _____ _____ .

(3) 彼女はふだんここで英語を勉強しています。［ English / here / study / usually ］

She _____ _____ _____ _____ .

(4) 私の父は車を持っています。 [a car / have]

My father _____ _____ .

疑問文や否定文を作ってみましょう。
動詞の形の変化にも注意しましょう。

They go to work. ⇨ Do they go to work?
　　　　　　　　　　They do not [don't] go to work.

My father goes to work. ⇨ Does my father go to work?
　　　　　　　　　　　　　My father does not [doesn't] go to work.

STEP 2

次に「〜した」のパターンをマスターしましょう。

ポイント！

主語 ＋ 動詞＋-ed（過去形） ：「 主語 {は/が} 〜した 」

例　I watched TV yesterday.　（私は昨日テレビを見ました）
　　動詞（過去形）　　　　　　　　　　　　　　　動詞

◆ 過去形には -s や -es は不要！
◆ 違う形に変化させることで過去形を作る場合もあります。

　Mary slept at ten last night.　（メアリーは昨晩10時に寝ました）
　　動詞（過去形）　　　　　　　　　　　　　　　動詞

　He went to work by car three days ago.　（彼は3日前車で仕事に行きました）
　　動詞（過去形）　　　　　　　　　　　　　　　　　　　　　　動詞

Q 03 次の(1)−(8)の単語の過去形を辞書で調べて書きましょう。

(1) live _____　　(5) eat _____

(2) study _____　　(6) give _____

(3) am / is _____　　(7) have _____

(4) are _____　　(8) see _____

Q 04 次の(1)−(4)の日本文の意に合うように、下線部に[ ]の中の語句を入れ、英文を作りましょう。ただし、動詞の形は変化させましょう。

🔊 Audio 12

(1) 私たちは10年前日本に住んでいました。 [in Japan / live / ten years ago]

   We _____ _____ _____ .

(2) これらの本は先週とても役に立ちました。 [be / last week / very useful]〔※とても：very〕

   These books _____ _____ _____ .

(3) 彼は昨晩自分の恋人にプレゼントをあげました。
   [a present / give / his girlfriend / last night]〔※恋人：girlfriend〕

   He _____ _____ _____ _____ .

(4) 私は昨日ここで彼を見ました。 [here / him / see / yesterday]

   I _____ _____ _____ _____ .

> 過去形でも疑問文や否定文が作れます。

He **used** his car. ⇒ **Did** he **use** his car?
                         He **did not** [**didn't**] **use** his car.

She **was** sick. ⇒ **Was** she sick?
                       She **was not** [**wasn't**] sick.

They **were** happy. ⇒ **Were** they happy?
                          They **were not** [**weren't**] happy.

「いつも〜している」のパターンと「〜した」のパターン ● 現在時制と過去時制 UNIT 05

総合演習問題

Q 05 次のpassageを読み、以下の(1)−(3)の設問にトライしましょう。

🔊 Audio 13

Work and school are sometimes very stressful for many people. In this case, experts recommend leisure time as much as possible for keeping a healthy mind state. Hobbies differ from person to person, but the common point for everyone is enjoying themselves. My friend, for example, goes hiking every weekend and even though it is hard, he ①[like / likes / liked] it very much. Others watch TV all day for relaxation, or just sleep. As for me, when I was in high school, I ②[visit / visits / visited] historical ruins on holidays. (A)After people enjoy a weekend full of fun, it brings a positive influence on their performances when going to work or school the next day.

(1) ①−②の[ ]内の表現のうち、最も適切なものを選び、◯で囲みましょう。

(2) 下線部 (A) を日本語に訳しましょう。

(　　　　　　　　　　　　　　　　　　　　　　　　　　　　　　　　　)

(3) 本文の内容に一致するものにはTに、一致しないものにはFに○をつけましょう。

① 専門家は、仕事でストレスを感じる人には自由な時間をとらないように勧めている。[T / F]
② 趣味が異なると、人によって共通点も異なる。　　　　　　　　　　　　[T / F]
③ 自由な時間に一日中テレビを見ている人もいれば、寝ている人もいる。　　[T / F]

Q 06 次の(1)－(5)の英文を作るのに、最も適切なものを(　)内から選び、○で囲みましょう。

(1) We (call / called / calls) him Dai-chan ten years ago.
(2) Mary and I (ate / eat / eats) dinner at this restaurant last Sunday.
(3) She (live / lived / lives) in Kobe last year.
(4) I (had / has / have) a friend in Canada three years ago.
(5) Our children (are / was / were) sick yesterday.

Q 07 次の(1)－(6)の日本文の意に合う英文を作りましょう。

(1) 彼女は毎週金曜日英語を勉強しています。

_____ English every Friday.

(2) 彼は毎週金曜日英語を勉強していますか。

_____ English every Friday?

(3) 私は毎週金曜日英語を勉強していません。

_____ English every Friday.

(4) 私は先月私の彼女にプレゼントをあげました。

_____ a present to my girlfriend last month.

(5) あなたは先月あなたの彼女にプレゼントをあげましたか。

_____ a present to your girlfriend last month?

(6) 私は今月私の彼女にプレゼントをあげませんでした。

_____ a present to my girlfriend this month.

UNIT 05 「いつも～している」のパターンと「～した」のパターン ● 現在時制と過去時制

Q 08 これまでに学習した内容を参考にして、次の(1)－(4)の日本文の意に合う英文を作りましょう。

🔊 Audio 14

(1) 英語の先生は昨日私たちにたくさんの宿題を与えました。

　　Our English teacher _____

(2) ジョンとメアリーは3年前大阪に住んでいました。

　　John and Mary _____

(3) 私たちは去年大学生ではありませんでした。〔※大学生：university student〕

　　We _____

(4) 彼女は車を持っていますか。

　　_____

Q 09 例にならって [ ] 内の語句を使い、「あなたの先週の行動」について英語で説明しましょう。当てはまる語が分からない場合は辞書などで調べましょう。

(例) 先週楽しんだもの　[enjoy]
　　I enjoyed soccer last week.

(1) 先週行った場所　[go]

　　_____

(2) 先週食べたもの　[eat]

　　_____

UNIT 06 「これから〜するつもりだ」のパターン
未来を表す表現

STEP 1

まずは「これから〜するつもりだ／〜するだろう」のパターンをマスターしましょう。

ポイント！

主語 + will + 動詞の原形 :「主語 {は／が}（これから）〜するつもりだ／〜するだろう」

◆ **will** には -s や -es は不要！
◆ **動詞の原形**とは「現在形や過去形にする前の動詞の形」のこと。
なお、be動詞の原形はbeとなります。

例 ① I <u>go</u> to the library every day.　　（私は毎日図書館に<u>行きます</u>）
　　　　[動詞]　　　　　　　　　　　　　　　　　　　　　　　　　　　　　　[動詞]

　⇒ I <u>will go</u> to the library tomorrow.　（私は明日図書館に<u>行くつもりです</u>）
　　　[will + 動詞の原形]　　　　　　　　　　　　　　　　　　　　　　　　　[動詞]

② This book <u>is</u> always useful.　　（この本はいつも役に立って<u>います</u>）
　　　　　　　[動詞]　　　　　　　　　　　　　　　　　　　　　　　　　　[動詞]

　⇒ This book <u>will be</u> useful next week.　（この本は来週役に立って<u>いるでしょう</u>）
　　　　　　　[will + 動詞の原形]　　　　　　　　　　　　　　　　　　　　[動詞]

Q 01 次の(1)−(5)の日本文の意に合うように、下線部に[　]の中の語句を入れ、英文を作りましょう。

(1) 私は今日あなたにメールを送るつもりです。［ an e-mail / send / you / will ］

　　I ＿＿＿＿＿＿＿ ＿＿＿＿＿＿＿ ＿＿＿＿＿＿＿ ＿＿＿＿＿＿＿ today.

(2) 私たちは明日**映画**を見るつもりです。［ a movie / watch / will ］

　　We ＿＿＿＿＿＿＿ ＿＿＿＿＿＿＿ ＿＿＿＿＿＿＿ tomorrow.

(3) 彼は今週末そのパーティに行くでしょう。［ go / to the party / will ］

　　He ＿＿＿＿＿＿＿ ＿＿＿＿＿＿＿ ＿＿＿＿＿＿＿ this weekend.

「これから～するつもりだ」のパターン ● 未来を表す表現　UNIT 06

(4) 彼らは将来すてきな夫婦になるでしょう。
　　[a nice couple / become / will]〔※夫婦：couple、将来：in the future〕

　　They _____ _____ _____ in the future.

(5) 彼女はすぐにここに来るでしょう。　[come / here / will]〔※すぐに：soon〕

　　She _____ _____ _____ soon.

疑問文や否定文を作ってみましょう。

They will go to the library.
⇨　Will they go to the library?
　　They will not [won't] go to the library.

STEP 2

次に「これから～するつもりだ」のもう一つのパターンをマスターしましょう。

ポイント！

主語 + be動詞 + going to + 動詞の原形 :「主語 {は/が} ～するつもりだ」

◆ 「be動詞＋going to」は「主語が前もって決めていた計画や予定」を表します。

例　We live in Fukui now.　　　　　（私たちは今福井に住んでいます）
　　　　[動詞]　　　　　　　　　　　　　　　　　　　　　　　[動詞]

　⇨　We are going to live in Fukui next year.　（私たちは来年福井に住むつもりです）
　　　[be動詞]＋going to＋[動詞の原形]　　　　　　　　　　　　　　　　[動詞]

Q 02 次の(1)－(7)の日本文の意に合うように、下線部に[　]の中の語句を入れ、英文を作りましょう。ただし、be動詞は主語に合わせて形を変化させましょう。
🔊 Audio 15

(1) 私は来年オーストラリアに住むつもりです。
　　[be going to / in Australia / live]〔※オーストラリア：Australia〕

　　I _____ _____ _____ next year.

35

(2) 私たちは来週の日曜日に図書館で勉強するつもりです。
　　[be going to / in the library / study]

　　We _____ _____ _____ next Sunday.

(3) 私は今夜その雑誌を読むつもりです。　[be going to / read / the magazine]

　　I _____ _____ _____ tonight.

(4) アンと私は明日彼にアップルパイを作るつもりです。
　　[an apple pie / be going to / him / make]　〔※アップルパイ：apple pie〕

　　Ann and I _____ _____ _____ _____ tomorrow.

(5) 私は来月車を買うつもりです。　[a car / be going to / buy]

　　I _____ _____ _____ next month.

(6) 私は来年家族とパリを訪れるつもりです。
　　[be going to / Paris / visit]　〔※パリ：Paris、〜を訪れる：visit 〜〕

　　I _____ _____ _____ with my family next year.

(7) 私たちは娘をメグと名付けるつもりです。
　　[be going to / Meg / name / our daughter]　〔※娘：daughter〕

　　We _____ _____ _____ _____ .

疑問文や否定文を作ってみます。be動詞の時を思い出すとよいです。

They are going to watch TV.
⇨　Are they going to watch TV?
　　They are not [aren't] going to watch TV.

「これから〜するつもりだ」のパターン ● 未来を表す表現 UNIT 06

総合演習問題

Q 03 次のpassageを読み、以下の(1)-(3)の設問にトライしましょう。

🔊 Audio 16

What are your criteria when searching for a University? Is it the campus life, the brand name, the location? Most common choices are either a small town University or a big city one? A small town University has its own benefits such as late night cafés and various entertainment facilities just for the students. (A) <u>You will have many opportunities : make new friends, socialize and share the same interests with others.</u> The busy city life (B) [affect] your own leisure space when you are in a small town campus. You are going to have an exciting campus life plus all the educational benefits a University has to offer.

(criteria: 基準, benefits: 利益;メリット, such as: 〜のような, facilities: 施設, opportunities: 好機；絶好の機会, socialize: 社交的に交際する, affect: 影響する)

(1) 下線部(A)を日本語に訳しましょう。

　　(　　　　　　　　　　　　　　　　　　　　　　　　　　　　)

37

(2) (B) の [ ] 内の単語を未来を表す表現の否定形にしましょう。

_____

(3) 本文の内容に一致するものにはTに、一致しないものにはFに○をつけましょう。

① 小さい都市にある大学は、学生に対する独自のサービスを持っていない。　［ T / F ］
② 都会生活から与えられる影響は小さな都市のそれとは異なる。　　　　　　［ T / F ］
③ 大学は胸をわくわくさせるキャンパス・ライフも与えてくれる。　　　　　［ T / F ］

Q 04 次の(1)－(5)の英文の意に合う日本文を右側の選択肢から選び、線で結びましょう。

(1) I will give you a book.　　　　　・　　　・(a) 私はここに住むつもりはありません。
(2) He won't come here.　　　　　　・　　　・(b) 私たちはこの車を買うつもりです。
(3) We are going to buy this car.　　　・　　　・(c) あなたは公園で走るつもりですか。
(4) Are you going to run in the park?・　　　・(d) 私はあなたに本をあげるつもりです。
(5) I am not going to live here.　　　・　　　・(e) 彼はここに来ないでしょう。

Q 05 次の(1)－(5) の日本文の意に合うように、willを使って英文を作りましょう。

(1) 私たちは今週末そのレストランで食事をするつもりです。

_____

(2) 彼らの子供たちは将来幸せになるでしょう。

_____

(3) 多くの人が2020年に日本に来るでしょう。〔※ 2020年に：in 2020〕

_____

(4) その学生たちは明日ここで英語を勉強するでしょうか。

_____

(5) 彼は今日私たちに彼の車を貸してくれないでしょう。〔※人に物を貸す：lend 人 物〕

_____

UNIT 06 「これから〜するつもりだ」のパターン ● 未来を表す表現

Q 06 次の（1）−（4）の日本文の意に合うように、be going toを使って英文を作りましょう。

(1) 私は明日の朝公園で走るつもりです。〔※明日の朝：tomorrow morning〕

_____

(2) あなたは明日その本を彼に買ってあげるつもりですか。

_____

(3) 彼らは放課後数学を勉強するつもりですか。〔※数学：mathematics〕

_____

(4) 私たちは今夜その映画を見るつもりはありません。

_____

Q 07 例にならって［ ］内の語句を使って、「あなた自身の予定」についての英文を作りましょう。また、その英文をクラスメートの英文と比べてみましょう。

(例) 明日行う予定のこと ［ be going to / tomorrow ］
　　I am going to enjoy the party tomorrow.

(1) 今週末行う予定のこと ［ be going to / this weekend ］

_____

(2) 来年行う予定のこと ［ be going to / next year ］

_____

UNIT 07 「今～している」のパターンと「その時～していた」のパターン

現在進行形と過去進行形

STEP 1

まずは「今～している」のパターンをマスターしましょう。

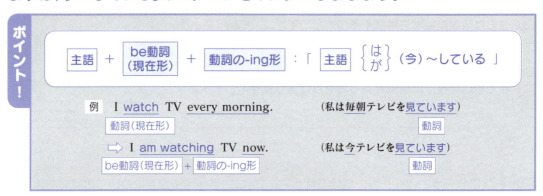

ポイント！

主語 ＋ be動詞（現在形） ＋ 動詞の-ing形 ：「 主語 ｛は／が｝（今）～している 」

例　I <u>watch</u> TV every morning.　（私は毎朝テレビを<u>見ています</u>）
　　　動詞(現在形)　　　　　　　　　　　　　　　　　　　動詞

⇒ I <u>am watching</u> TV now.　（私は今テレビを<u>見ています</u>）
　　be動詞(現在形)＋動詞の-ing形　　　　　　　　　　　　動詞

Q 01 次の(1)-(6)の動詞の-ing形を辞書で調べて書きましょう。

(1) walk ＿＿＿＿＿＿＿＿＿＿　　(4) wash ＿＿＿＿＿＿＿＿＿＿

(2) eat ＿＿＿＿＿＿＿＿＿＿　　(5) write ＿＿＿＿＿＿＿＿＿＿

(3) read ＿＿＿＿＿＿＿＿＿＿　　(6) run ＿＿＿＿＿＿＿＿＿＿

Q 02 次の(1)-(6)の日本文の意に合うように、[　]の中の語をbe動詞＋動詞の-ing形にしましょう。

(1) 私は今学校に歩いていっています。　[walk]

　　I ＿＿＿＿＿＿＿＿＿ ＿＿＿＿＿＿＿＿＿ to school now.

(2) ジョンは今昼食を食べています。　[eat]

　　John ＿＿＿＿＿＿＿＿＿ ＿＿＿＿＿＿＿＿＿ lunch now.

(3) メアリーは今図書館で本を読んでいます。　[read]

　　Mary ＿＿＿＿＿＿＿＿＿ ＿＿＿＿＿＿＿＿＿ a book in the library now.

(4) マイクは今自分の車を洗っています。　[wash]

　　Mike _____ _____ his car now.

(5) 私たちは今両親に手紙を書いています。　[write]

　　We _____ _____ a letter to our parents now.

(6) 彼らは今公園で走っています。　[run]

　　They _____ _____ in the park now.

自分の意志で、5秒毎に止めたり始めたりできるような動詞しか通常はこのパターンを使えません。

eat（食べる）、run（走る）
　⇒ 5秒毎に始めたり止めたりできる ➡ ◎ OK!

live（住んでいる）、love（愛している）
　⇒ 5秒毎に始めたり止めたりできない ➡ ✗ ダメ!

STEP 2

次に「その時～していた」のパターンをマスターしましょう。

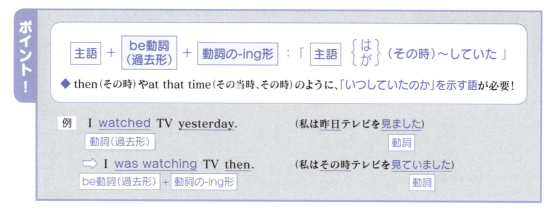

ポイント！

主語 + be動詞（過去形） + 動詞の-ing形 ：「主語 は/が （その時）～していた」

◆ then（その時）や at that time（その当時、その時）のように、「いつしていたのか」を示す語が必要！

例　I watched TV yesterday.　　　（私は昨日テレビを見ました）
　　動詞（過去形）　　　　　　　　　　　　　　　　動詞

　⇒ I was watching TV then.　　　（私はその時テレビを見ていました）
　　be動詞（過去形）＋動詞の-ing形　　　　　　　　動詞

Q 03 次の（1）－（6）の日本文の意に合うように、[　]の中の語をbe動詞＋動詞の-ing形にしましょう。

(1) 私はその時学校に歩いていっていました。　[walk]

　　I _____ _____ to school then.

(2) ジョンはその時昼食を食べていました。　[eat]

　　John _____ _____ lunch at that time.

(3) メアリーはその時図書館で本を読んでいました。　[read]

　　Mary _____ _____ a book in the library then.

(4) ジョンはその時自分の車を洗っていました。　[wash]

　　John _____ _____ his car then.

(5) 私たちはその時私たちの両親に手紙を書いていました。　[write]

　　We _____ _____ a letter to our parents at that time.

(6) 彼らはその時公園で走っていました。　[run]

　　They _____ _____ in the park at that time.

疑問文や否定文を作ってみましょう。
be動詞の時を思い出すとよいです。

They are watching TV.
　⇨　Are they watching TV?
　　　They are not [aren't] watching TV.

They were watching TV.
　⇨　Were they watching TV?
　　　They were not [weren't] watching TV.

UNIT 07

「今～している」のパターンと「その時～していた」のパターン ● 現在進行形と過去進行形

STEP 3

総合演習問題

Q 04 次のpassageを読み、以下の(1)－(3)の設問にトライしましょう。

 Audio 17

　Fashion trends, what do they mean? Are they good or bad? We follow them every season and buy new clothes according to the fashion magazines. On the surface, they seem to aim for a fashionable coordinate but at the bottom, they just want to make themselves noticed. Because people judge others by appearances, some feel the need to label themselves by clothes "I ①[buy] only X-brand clothes now." Fashion was born many years ago and was a popular conversation topic among people. Even now, at award ceremonies or other events, the fashion critics ②[talk] about what brand of clothes the guests wore and whether or not they were dressed suitably for that event. At present and in the past also, people put much importance on what they wear, but, as the proverb says, (A) "**appearances are deceiving.**"

(1) ①-②の [　] 内の単語を「今～している」の形にしましょう。

①＿＿＿＿＿＿＿＿＿＿＿＿＿＿＿＿＿＿＿＿＿＿＿＿＿＿＿＿＿＿

②＿＿＿＿＿＿＿＿＿＿＿＿＿＿＿＿＿＿＿＿＿＿＿＿＿＿＿＿＿＿

(2) 下線部 (A) のことわざの意味を辞書で調べて書きましょう。

（　　　　　　　　　　　　　　　　　　　　　　　　　　　）

(3) 本文の内容に一致するものには T に、一致しないものには F に○をつけましょう。

① ファッション雑誌は流行にそれほど大きな影響は持たない。　　［ T / F ］
② ファッショナブルな格好をする人は実はそれほど目立ちたくない。［ T / F ］
③ ファッションは昔と違って今の方が話題となる。　　　　　　　［ T / F ］

Q 05 次の (1)－(4) の日本文の意に合うように ( ) 内から最も適切なものを選び、○で囲みましょう。

(1) トムは今公園に歩いていっています。
Tom (walks / is walking / was walking) to the park now.

(2) ジョンはメアリーを愛しています。
John (loves / is loving / was loving) Mary.

(3) 私は大阪に住んでいます。
I (live / am living / was living) in Osaka.

(4) 私たちはその時テレビを見ていました。
We (watched / are watching / were watching) TV at that time.

Q 06 次の(1)－(4)の文を、それぞれ[　]内の指示に従って、書き換えましょう。

(1) They run in the park now. [動詞を be 動詞＋動詞の -ing 形にして全文を書き換えましょう]

＿＿＿＿＿＿＿＿＿＿＿＿＿＿＿＿＿＿＿＿＿＿＿＿＿＿＿＿＿＿＿＿＿＿＿＿＿

(2) John is washing his car now. [now を then に替えて全文を書き換えましょう]

＿＿＿＿＿＿＿＿＿＿＿＿＿＿＿＿＿＿＿＿＿＿＿＿＿＿＿＿＿＿＿＿＿＿＿＿＿

(3) John is watching TV now. [疑問文にして全文を書き換えましょう]

＿＿＿＿＿＿＿＿＿＿＿＿＿＿＿＿＿＿＿＿＿＿＿＿＿＿＿＿＿＿＿＿＿＿＿＿＿

(4) You were studying Spanish then.
　　［**否定文にして全文を書き換えましょう**］〔※ Spanish：スペイン語〕

　　_____

Q 07 これまでに学習した内容を参考にして、次の(1)−(3)の日本文の意に合う英文を作りましょう。

🔊 **Audio 18**

(1) 私の父は今新聞を読んでいます。

　　_____

(2) あなたはその時自分の部屋で手紙を書いていましたか。〔※ 部屋：room〕

　　_____

(3) 私はその時英語を勉強していませんでした。

　　_____

Q 08 例にならって［　］内の語句を使い、「ある時に何をしていたのか」を尋ねられている場面を想像して、それに対する答えを英語にしてみましょう。当てはまる語が分からない場合は辞書などで調べましょう。

(例)［ write ］
　　I was writing a letter then.

(1)［ read ］

　　_____

(2)［ study ］

　　_____

(3)［ walk ］

　　_____

UNIT 08 過去のことが現在まで影響する形

現在完了形

STEP 1

まずは「過去のことが現在まで影響する形」をマスターしましょう。

ポイント！

過去の事が現在まで影響する形 ： 主語 + { have / has } + 過去分詞

◆ 主語に合わせてhaveとhasとを使い分けること！

例
I finish my homework. ⇒ I have finished my homework.
(主語)(動詞)　　　　　　　(主語)(have)+(過去分詞)

She goes to school. ⇒ She has gone to school.
(主語)(動詞)　　　　　　　(主語)(has)+(過去分詞)

Q 01 次の(1)−(6)の動詞の過去分詞の形を辞書で調べて書きましょう。

(1) live _____　(4) see _____

(2) work _____　(5) be _____

(3) come _____　(6) write _____

Q 02 次の(1)−(5)の英文をhave[has]+過去分詞を使った文に直しましょう。

(1) I live in Tokyo.

　I _____ _____ in Tokyo.

(2) Mary comes to my house.

　Mary _____ _____ to my house.

(3) John and Kate write a letter to their mother.

　John and Kate _____ _____ a letter to their mother.

(4) We see John here.

　We _____ _____ John here.

(5) This book is famous all over the world. 〔※ famous：有名な〕

This book _____ _____ famous all over the world.

疑問文や否定文を作ってみましょう。

They have worked in Japan.
⇨ Have they worked in Japan?
⇨ They have not [haven't] worked in Japan.

He has worked in Japan.
⇨ Has he worked in Japan?
⇨ He has not [hasn't] worked in Japan.

STEP 2

次に「過去のことが現在まで影響する形」の意味を確認しましょう。

ポイント！

「過去のことが現在まで影響する形」には３つの意味がある
① 「ずっと〜している」　② 「〜した（ところだ）」　③ 「〜したことがある」

① I have lived in Osaka for ten years.　（僕は大阪に10年間ずっと住んでいる）

１０年間
時の流れ　現在

② I have just eaten lunch.　（僕は昼食を食べたところだ）

時の流れ　現在

③ I have read the book three times.　（僕はその本を3回読んだことがある）

時の流れ　現在

Q 03 次の(1)−(6)の日本文の意に合うように、[ ]内の動詞を使って下線部に適切な語句を入れましょう。

🔊 Audio 19

(1) 私たちは日本に10年間ずっと住んでいます。　[live]

　　We ＿＿＿＿＿ ＿＿＿＿＿ in Japan ＿＿＿＿＿ ＿＿＿＿＿ ＿＿＿＿＿ .

(2) ジョンは3年間ずっとメアリーの友達です。　[be]

　　John ＿＿＿＿ ＿＿＿＿ a friend of Mary's ＿＿＿＿ ＿＿＿＿ ＿＿＿＿ .

(3) 私たちはちょうど夕食を食べたところです。　[eat]

　　We ＿＿＿＿＿ ＿＿＿＿＿ ＿＿＿＿＿ dinner.

(4) 僕はちょうど宿題を終えたところです。　[finish]

　　I ＿＿＿＿＿ ＿＿＿＿＿ ＿＿＿＿＿ my homework.

(5) 僕はその映画を3回見たことがあります。　[watch]

　　I ＿＿＿＿＿ ＿＿＿＿＿ the movie ＿＿＿＿＿ ＿＿＿＿＿ .

(6) 彼女は私の弟をここで2回見たことがあります。　[see]

　　She ＿＿＿＿＿ ＿＿＿＿＿ my brother ＿＿＿＿＿ ＿＿＿＿＿ .

「過去のことが現在まで影響する形」とよく一緒に使われる語句の出現位置に注意しましょう！

● 文の最後に出現： have[has] ＋ 過去分詞 ＋ 出現！
　for ～（～間），since ～（～以来），
　yet（もう、まだ），～ times（～回）　etc.
　◆ 「1回」はonce、「2回」はtwiceであることに注意しましょう！

● have[has]と過去分詞の間に出現： have[has] ＋ 出現！ ＋ 過去分詞
　never（一度も～ない），ever（今までに），just（ちょうど），already（すでに）　etc.

STEP 3
総合演習問題

Q 04 次のpassageを読み、以下の(1)−(3)の設問にトライしましょう。

🔊 Audio 20

(A) **In recent years, there [has been] a great development in the online game industry**. Previously you could only play online using your personal computer, but now accessing is possible even from your smartphone. (B) **Online gaming [has recently become] a business rather than a pastime activity**. Users all over the world pay a lot of money just to pass a level or simply design their character with the latest goods. Such method is legal whether moral or not, but it is yet to be discussed. Another problem of such online games is hacking. Hackers can easily access the user's private information or their credit card. Fortunately many companies in this industry are trying their best to improve the safety of their users' privacy.

(1) 下線部 (A) — (B) をそれぞれ日本語に訳しましょう。

   (A)：(　　　　　　　　　　　　　　　　　　　　　　　　　　　　　　　　　　　)

   (B)：(　　　　　　　　　　　　　　　　　　　　　　　　　　　　　　　　　　　)

(2) 下線部 (A) — (B) における [ ] の部分を、それぞれ過去形に書き換えましょう。

   (A) There [＿＿＿＿＿＿] a great development in the online game industry.

   (B) Online gaming [recently ＿＿＿＿＿＿] a business rather than a pastime activity.

(3) 本文の内容に一致するものにはTに、一致しないものにはFに○をつけましょう。

   ① 以前のオンライン・ゲームは携帯電話からアクセスするのが主流であった。［ T / F ］
   ② オンライン・ゲームで課金が必要とされる問題は現在解決している。　　　［ T / F ］
   ③ 現在、オンライン・ゲームを運営する企業はハッカー対策がとられていない。［ T / F ］

Q 05　次の (1) — (5) の (　) 内にある語句のうち「過去の事が現在まで影響する形」として最も適切なものを選び、○で囲みましょう。

(1) He (has live / has lived / have lived) in Osaka for three years.
(2) I (has been / have be / have been) busy since last Friday.
(3) They (has come / have came / have come) to London three times.
(4) My parents (has saw / has seen / have seen) my boyfriend only once.
(5) She (has written / has wrote / have written) her sister a letter twice.

Q 06　次の日本文の意に合う英文を作りましょう。

(1) ジョンは野球の大会で２度ＭＶＰをとったことがある。〔※ MVP をとる：get an MVP award〕

_____

(2) 私は20年間ずっとあのサッカー選手のファンだ。〔※〜のファン：a fan of 〜〕

_____

(3) 私たちは３年間ずっとこのチームのメンバーだ。〔※〜のメンバー：a member of 〜〕

_____

(4) 私は2度野球で留学したことがある。〔※野球で留学する：go abroad for baseball training〕

_____

(5) 私は一度も映画に出たことがない。〔※映画に出る：appear in a movie〕

_____

(6) 彼らは一度サッカーのワールドカップでプレーしたことがある。
〔※サッカーのワールドカップでプレーする：play in the Soccer World Cup〕

_____

Q.07 このUnitで学習したことを使って、次の人のプロフィールを使って紹介しましょう。また、その人が誰かをグループで話し合って答えましょう。

＜ サッカー選手のAさん ＞
- 彼は1度サッカーJリーグでMVPをとったことがある。
〔※サッカーJリーグ：Japan Professional Football League〕

_____

- 彼はワールドカップに出場したことは一度もない。

_____

- 彼は1度ブラジルにサッカー留学をしたことがある。

_____

答え：_____

Q.08 グループで取り上げる人を一人決め、このUnitで学習したことを使って、Q.07のようにその人を紹介する文章を作りましょう。また、他のグループにそれを発表して、「誰のことを言っているのか」を話し合って、答えてもらいましょう。

UNIT 09 「話し手の気持ち」を表す表現

法助動詞 ①

STEP 1

まずは「話し手の気持ち」を表す表現をマスターしましょう。

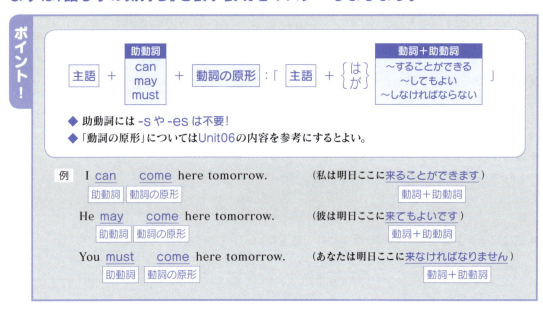

Q 01 次の(1)−(4)の日本文の意に合うように、下線部に[ ]の中の語句を入れ、英文を作りましょう。

(1) 私は今日あなたに電話することができます。[you / can / call]〔※〜に電話する：call 〜〕

　　I _____ _____ _____ today.

(2) あなたは今携帯電話を使ってもよいです。
　　[use / may / your cellphone]〔※携帯電話：cellphone〕

　　You _____ _____ _____ now.

(3) 私たちは今夜英語を勉強しなければなりません。[English / must / study / tonight]

　　We _____ _____ _____ _____ .

(4) あなたたちは図書館では静かにしなければなりません。[be / must / quiet]〔※静かな：quiet〕

　　You _____ _____ _____ in the library.

「話し手の気持ち」を表す表現 ● 法助動詞 ① **UNIT 09**

> 疑問文や否定文を作ってみましょう。willの時を思い出すと良いです。

They { can / may / must } go to the library.
⇨ { Can / May / Must } they go to the library?

They { cannot [can't] / may not / must not [mustn't] } go to the library.

◆ can と not はくっつけて、cannot という形にしなければなりません！
◆ must not [mustn't] を使うと「〜してはいけない」という意味になります！

STEP 2

次に「話し手の気持ち」を表す別の表現をマスターしましょう。

ポイント！

主語 + be able to (⟷can) / have to (⟷must) + 動詞の原形：「主語 + は/が 〜することができる / 〜しなければならない」

◆ be動詞とhaveは主語に合わせて形を変化させる。

例　I **can** **come** here tomorrow.　　（私は明日ここに来ることができます）
　　⟷ I **am able to** **come** here tomorrow.　（私は明日ここに来ることができます）

　　You **must** **come** here tomorrow.　　（あなたは明日ここに来なければなりません）
　　⟷ You **have to** **come** here tomorrow.　（あなたは明日ここに来なければなりません）

Q 02　次の(1)-(4)の日本文の意に合うように、下線部に [ ] の中の語句を入れ、英文を作りましょう。ただし、be動詞やhaveは主語に合わせて形を変化させましょう。

🔊 Audio 21

(1) あなたは**教室で食事をする**ことができます。
　　[eat a meal / in the classroom / be able to]　〔※食事をする：eat a meal〕

　　You _____ _____ _____ .

(2) 私は駅に歩いていくことができます。　[to the station / be able to / walk]

　　I _____ _____ _____ .

(3) 彼らは来週の日曜日にここで勉強しなければなりません。［ have to / here / study ］

They _____ _____ _____ next Sunday.

(4) 彼女は今日ジョンにこの本を送らなければなりません。
［ this book / have to / send / John ］

She _____ _____ _____ _____ today.

> 疑問文や否定文を作ってみましょう。
> have [has] を使う時には特に注意しましょう。

He is able to come here.
⇨ Is he able to come here?　(❌ Is able to he come here?)
　He is not [isn't] able to come here.　(❌ He is able to not come here.)

He has to come here.
⇨ Does he have to come here?
　(❌ Has to he come here / ❌ Has he to come here?)
　He does not [doesn't] have to come here.
　(❌ He has to not come here / ❌ He has not to come here.)

STEP 3

総合演習問題

Q 03 次のpassageを読み、以下の(1)−(3)の設問にトライしましょう。

 Audio 22

　Online dating is rapidly increasing and may become a normal part of our lives. Finding a partner is difficult in the present chaotic life. Because of their busy schedule at work, they have no time for social life. That is why, by way of the internet, such people [may / must / are able to] Interact with others every day and to get over their solitude. But it does not always go well on such dating sites and, after feeling disappointed numerous times, some eventually quit. (A) <u>The lucky ones are able to date their ideal person, but others might experience rejection</u>. The traditional ways for meeting people today are not working as well as in the past, so, whether online dating is good or bad, depends on each individual.

(1) [ ] 内の助動詞のうち、最も適切なものを選び○で囲みましょう。

(2) 下線部 (A) を日本語に訳しましょう。

   (   )

(3) 本文の内容に一致するものにはTに、一致しないものにはFに○をつけましょう。

   ① 現代の社会生活はとても忙しく，理想の相手と出会う暇がない。　　［ T / F ］
   ② 現代の人々はインターネットを使うことで毎日他の人と接することができる。　［ T / F ］
   ③ 昔ながらの出会い方は現代でも十分に通用する。　　　　　　　　　［ T / F ］

Q 04　次の (1)－(4) の英文を作るのに、最も適切な語句を（ ）の中から選び、○で囲みましょう。

(1) (Are able to you / Are able you to / Are you able to) read this book?
(2) (Do they have to / Does they have to / Have they to) study English?
(3) I (am able not to / am able to not / am not able to) carry the bag.
(4) Mary (don't have to / doesn't have to / has not to) give him a present.

Q 05　次の(1)－(5)の日本文の意に合うように、助動詞を使って英文を作りましょう。

(1) 彼らは図書館でこの本を借りることができます。

_____

(2) あなたはここでタバコを吸ってもよいです。　〔※タバコを吸う：smoke〕

_____

(3) 私は今晩彼に手紙を書かなければなりません。

_____

(4) あなたは明日京都へ行くことはできますか。

_____

(5) 私は彼を憲ちゃんと呼ばなければなりませんか。　〔※憲ちゃん：Ken-chan〕

_____

「話し手の気持ち」を表す表現 ● 法助動詞 ① UNIT 09

Q 06 次の(1)－(4)の日本文の意に合うように、助動詞言い換え表現を使って英文を作りましょう。

(1) 彼は英語を話すことができます。〔※〜を話す：speak 〜〕

_____

(2) 私は彼らに英語を教えなければなりません。〔※人に物を教える：teach 人 物〕

_____

(3) あなたは私にこの本を買うことができますか。

_____

(4) 彼女は大阪に来なければなりませんか。

_____

Q 07 右の看板に書かれている(1)－(3)の注意事項を[　]内の単語を使って英語で表現しましょう。

(1) [must]

_____

(2) [may]

_____

(3) [must]

_____

```
      注　意！
(1) ここでは静かにしてください。
(2) 食事をしてもかまいません。
(3) 携帯電話の使用は禁止です。
                          店主
```

UNIT 10 「相手の気持ち」を尋ねる表現

法助動詞 ②

STEP 1

まずは「相手の気持ち」を尋ねるパターンをマスターしましょう。

ポイント！

{ Would / Could } + you + 動詞の原形 ～？ :「～していただけませんか」

◆ wouldはwillの過去形；couldはcanの過去形
  ⇨ wouldやcouldのほうが「控えめで丁寧な気持ち」を表す。
◆ "{ Will / Can } + you + 動詞の原形 ～？" は「～ してくれませんか」の意味となる。

例 <u>Would</u> <u>you</u> <u>open</u> the window?　　（窓を<u>開けていただけませんか</u>）
   助動詞　動詞の原形　　　　　　　　　　　　　　　　動詞＋助動詞

例 <u>Could</u> <u>you</u> <u>come</u> here tomorrow?　（明日ここに<u>来ていただけませんか</u>）
   助動詞　動詞の原形　　　　　　　　　　　　　　　　動詞＋助動詞

Q 01 次の(1)－(5)の日本文の意に合うように、下線部に〔　〕の中の語句を入れ、英文を作りましょう。ただし、文頭に来る語句も小文字にしてあります。

(1) 今日の午後**事務所に来ていただけませんか**。
    〔 come / could / to the office / you 〕〔※事務所：office〕

    _____ _____ _____ _____ this afternoon?

(2) しばらく**静かにしていただけませんか**。
    〔 be / quiet / would / you 〕〔※しばらく：for a while〕

    _____ _____ _____ _____ for a while?

(3) 駅まで**このかばんを運んでいただけませんか**。
    〔 carry / this bag / would / you 〕〔※～を運ぶ：carry ～〕

    _____ _____ _____ _____ to the station?

(4) 私の誕生日に**ケーキを作っていただけませんか**。〔 a cake / could / make / me / you 〕

    _____ _____ _____ _____ _____ on my birthday?

「相手の気持ち」を尋ねる表現 ● 法助動詞 ②　UNIT 10

(5) 今夜私にメールを送っていただけませんか。［an e-mail / me / send / would / you］

_____ _____ _____ _____ _____ tonight?

> このパターンの疑問文の答え方も覚えておきましょう。

{ Would / Could } you come here tomorrow?

Yes の場合
　Yes, I { will / can }.（はい、{いいです / できます}）/ Yes, of course.（はい、もちろん）
　Sure.（もちろん）/ Certainly.（いいですとも）/ OK. [All right.]（いいですよ）etc.

No の場合
　{ I'm sorry / I'm afraid }, I can't.（{すいませんが / 残念ですが}、できません）etc.

STEP 2

次に「相手の気持ち」を尋ねる別のパターンをマスターしましょう。

ポイント！

{ Can / May } + I + 動詞の原形 ～？：「～してもいいですか」

◆ Can I よりも May I のほうが丁寧な表現。

例　Can I open the window?　　　（窓を開けてもいいですか）
　　助動詞　動詞の原形　　　　　　　　　　　動詞＋助動詞

例　May I use your smartphone?　（あなたのスマートフォンを使ってもいいですか）
　　助動詞　動詞の原形　　　　　　　　　　　　　　　動詞＋助動詞

Q 02 次の(1)－(6)の日本文の意に合うように、下線部に［　］の中の語句を入れ、英文を作りましょう。ただし、文頭に来る語句も小文字にしてあります。　🔊 Audio 23

(1) 今夜映画を見てもいいですか。［a movie / can / I / watch］

_____ _____ _____ _____ tonight?

(2) 今日あなたの車を使ってもいいですか。［I / may / use / your car］

_____ _____ _____ _____ today?

(3) 今日からあなたをベスと呼んでもいいですか。［ Beth / call / can / I / you ］

_____ _____ _____ _____ _____ from today?

(4) ここでたばこを吸ってもいいですか。［ I / may / smoke ］

_____ _____ _____ here?

(5) 次の日曜日にそのパーティーに行ってもいいですか。［ can / go / I / to the party ］

_____ _____ _____ _____ next Sunday?

(6) 昼食のお金を少しお借りしてもいいですか。［ borrow / I / may / some money ］

_____ _____ _____ _____ for lunch?

このパターンの疑問文の答え方も覚えておきましょう。

{ Can / May } I use your phone?

Yes の場合
　　Yes, you { can / may }. (はい、いいですよ) / Yes, of course. (はい、もちろん)
　　Sure. (もちろん) / Certainly. (いいですとも) / OK. [All right.] (いいですよ) etc.

No の場合
　　{ I'm sorry / I'm afraid }, you can't. ({すいませんが / 残念ですが}、できません)
　　No, you must not [mustn't]. (いいえ、いけません) etc.

STEP 3
総合演習問題

Q 03 次のpassageを読み、以下の(1)-(3)の設問にトライしましょう。

🔊 Audio 24

　How we behave and talk to others is important for our daily life. It also has a big influence on how other people think of us. If we use good manners properly, it can bring delight to the people around us. "[Can I / Would you] pass me the bread, please?" such a simple sentence tells others that you are well-educated and will bring you a positive image. When you are in a restaurant, the staff's behavior also affects our mood. (A) **A phrase like "Can you order faster, I'm busy," instead of "May I take your order," will immediately put you in a bad mood**. How do you talk to the people around you? Are you polite to others? Politeness expresses consideration towards the other person's feelings.

(1) [　]内の表現のうち、適切なものを選び○で囲みましょう。

(2) 下線部(A)を日本語に訳しましょう。

　　(　　　　　　　　　　　　　　　　　　　　　　　　　　　　　　　　)

(3) 本文の内容に一致するものにはTに、一致しないものにはFに○をつけましょう。

　① 日常のふるまい方は重要であるが、それで他人がどのように思うかとは無関係である。[T / F]
　② たとえ良いマナーを適切に使っても、他人を喜ばせることはできない。　　　[T / F]
　③ 礼儀正しさと他人への思いやりは密接な結びつきがある。　　　　　　　　　[T / F]

Q 04 次の(1)－(3)の会話文を完成させるのに、最も適切な表現を(　)内から選び、○で囲みましょう。

🔊 Audio 25

(1) A : Hello. This is Sara.
　　　(Could you / May I / Would you) speak to John? 〔※ speak to ～：～と話す〕
　　B : Sorry, he is not here now. But he will come back soon.
　　A : OK. I will call him later. 〔※ later：あとで〕

(2) A : Jane, do you have a pen?
　　B : Yes, I do.
　　A : (Can I use your pen / May I use my pen / Would you use my pen) ?
　　B : Of course. Here you are. 〔※ Here you are.：はい、どうぞ〕

(3) A : Hi, Tom. Tomorrow is Saturday.
　　　(Could you lend me my car / May I use my car / Would you lend me your car) ?
　　B : I'm sorry, I have to go to work tomorrow. And I will go there by car.
　　A : That's OK. I will ask John. 〔※ ask ～：～に尋ねる〕

Q 05 次の(1)－(5)の日本文の意に合うように、[　]内の助動詞を使って英文を作りましょう。

(1) 放課後ここに来ていただけませんか。　[would]

　　_____

(2) 明日私の車を洗っていただけませんか。　[could]

　　_____

62

(3) 私に新しい本を買っていただけませんか。［ would ］

_____

(4) あの窓を閉めてもいいですか。［ can ］〔※〜を閉める：close 〜〕

_____

(5) この部屋でタバコを吸ってもいいですか。［ may ］〔※この部屋で：in this room〕

_____

Q 06 例にならって［　］内の語句を使い、「相手の気持ち」を尋ねる英文を作り、クラスメートに英語で質問してみましょう。また、その質問に対するクラスメートの答えを聞き取り、書き取ってみましょう。

(例) A： Would you show me your ID?　　　〔※ID：身分証明書〕［ would / you ］
　　 B： Certainly. Here you are.

(1) A： _____ ［ could / you ］

　　 B： _____

(2) A： _____ ［ may / I ］

　　 B： _____

UNIT 11 「〜すること」を表す２種類の形

to不定詞と動名詞

STEP 1

まずは「〜すること」を表す一つ目の形をマスターしましょう。

ポイント！

to ＋ 動詞の原形 ：「〜すること」

① to＋動詞の原形 ＋動詞…：「 〜すること は…する」

例 <u>To watch</u> a movie is difficult today. （今日映画を見ることは難しいです）
　　 to＋動詞の原形　　動詞　　　　　　　　　　　　　　〜すること

② 主語 ＋ be動詞 ＋ to＋動詞の原形 ：「 主語 は 〜すること だ」

例 Our next plan is <u>to watch</u> a movie. （私たちの次の計画は映画を見ることです）
　　 主語　　　　動詞　　to＋動詞の原形　　　　　　　　　　　　　　　〜すること

③ 主語 ＋ 動詞 ＋ to＋動詞の原形 ：「 主語 は 〜すること を…する」

例 I like <u>to watch</u> movies. （私は映画を見ることを好みます ⇨ 私は映画を見ることが好きです）
　　主語 動詞　to＋動詞の原形　　　　　　　〜すること

Q 01 次の(1)-(5)の日本文の意に合うように、下線部に［　］の中の語句を入れ、英文を作りましょう。ただし文頭に来る語句も小文字にしてあります。

(1) 野球の試合を見ることはおもしろいです。［ watch / baseball games / to ］

　　_____ _____ _____ is exciting.

(2) この川で泳ぐことは危険です。［ swim / in this river / to ］

　　_____ _____ _____ is dangerous.

(3) 私の希望は医者になることです。［ become / a doctor / to ］

　　My hope is _____ _____ _____ .

(4) 彼らは公園で野球をすることが好きです。［ to / baseball / play / in the park ］

　　They like _____ _____ _____ _____ .

64

(5) 彼女は図書館で数学を勉強することが好きです。[study / mathematics / to]

She likes _____ _____ _____ in the library.

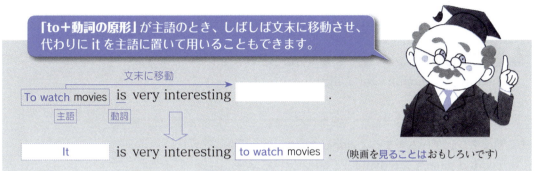

STEP 2

次に「〜すること」を表す二つ目の形をマスターしましょう。

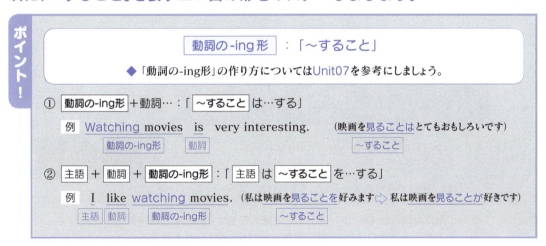

Q 02 次の(1)−(7)の日本文の意に合うように、下線部に[ ]の中の語句を入れ、英文を作りましょう。ただし文頭に来る語句も小文字にしてあります。

🔊 Audio 26

(1) 歌を歌うことはとても楽しいです。[songs / singing]

_____ _____ is a lot of fun.

(2) 駅に歩いていくことは困難です。[to the station / walking] 〔※困難な:hard〕

_____ _____ is hard.

(3) オーストラリアを訪れることはおもしろいです。[Australia / visiting]

_____ _____ is interesting.

(4) 彼は図書館で本を読むことが好きです。[reading / in the library / books]

He likes _____ _____ _____ .

(5) 彼女はこの店でハンバーガーを食べることが好きです。
[eating / a hamburger / at this store]

She likes _____ _____ _____ .

(6) 私はテレビゲームをすることが好きです。
[video games / playing] 〔※テレビゲーム：video game〕

I like _____ _____ .

(7) 私たちは家でテレビを見ることが好きです。[TV / watching / at home]

We like _____ _____ _____ .

「～すること」を表す「動詞の-ing形」はinなどの語の後ろにも使えます。

例 I am interested in studying English.
　　　　　　　　　　動詞の-ing形

（私は英語を勉強することに興味があります）〔※be interested in：～に興味がある〕

◆ inの他にはat, on, for, by, withなどの語も後ろに「動詞の-ing形」を取れます！
◆ inなどの語の後ろには「to＋動詞の原形」は使ってはいけません！

UNIT 11

「〜すること」を表す２種類の形 ● to不定詞と動名詞

総合演習問題

Q 03 次のpassageを読み、以下の(1)－(3)の設問にトライしましょう。

(A) Does [bring / you / happiness / being rich]? Many say that money makes the world go around. (B) To have money means you can obtain _{〜を得る} whatever you desire, not only material things but also spiritual, like love. But is it really true? Big gain implies big sacrifice. Although it looks like the rich people have a happy and easy life, it is not always so. People around them ask for money loan, friends might be with them just for their money, and love relationships are full of doubt and mistrust. Moderation, whether in earnings or relationships, is the best way for a well-balanced life.

(1) 下線部 (A) が「お金持ちであることがあなたに幸せをもたらすのでしょうか？」の意になるように、[ ]内の語句を入れ、英文を作りましょう。

Does _____ _____ _____ _____ ?

(2) 下線部(B)を日本語に訳しましょう。

(　　　　　　　　　　　　　　　　　　　　　　　　　　　　　　　　　)

(3) 本文の内容に一致するものにはTに、一致しないものにはFに○をつけましょう。

① 大きな利益を得ることは多大な犠牲を伴うことがある。　　　　　　　[T / F]
② お金持ちであってもその友人たちとは必ず信頼関係で結ばれている。　[T / F]
③ 大きな収入を得ながらも信頼関係を築くには、節度を保つことが重要である。[T / F]

Q 04 次の(1)－(4)の英文を作るのに、(　)内の選択肢のうち、to＋動詞の原形のみを使えるものはAを、動詞の-ing形のみを使えるものはBを、両方使えるものはCを解答欄に書き入れましょう。

(1) (To give / Giving) a present to her today is difficult.　　＿＿＿＿＿＿

(2) I like (to play / playing) basketball.　　＿＿＿＿＿＿

(3) He is interested in (to go / going) to New York in the future.　　＿＿＿＿＿＿

(4) It is easy (to keep / keeping) this room clean.　　＿＿＿＿＿＿

Q 05 次の(1)－(6)の日本文の意に合うように、それぞれ[　]内の指示に従って、英文を作りましょう。

(1) 私の夢は先生になることです。　[to＋動詞の原形を使って]〔※夢：dream〕

＿＿＿＿＿＿＿＿＿＿＿＿＿＿＿＿＿＿＿＿＿＿＿＿＿＿＿＿＿＿＿＿＿＿＿＿＿＿＿

(2) 私たちはここで朝食を食べることが好きです。[to＋動詞の原形を使って]

＿＿＿＿＿＿＿＿＿＿＿＿＿＿＿＿＿＿＿＿＿＿＿＿＿＿＿＿＿＿＿＿＿＿＿＿＿＿＿

(3) 英語を話すことは難しい。[動詞の-ing形を使って]

＿＿＿＿＿＿＿＿＿＿＿＿＿＿＿＿＿＿＿＿＿＿＿＿＿＿＿＿＿＿＿＿＿＿＿＿＿＿＿

(4) 彼らは日本に住むことが好きです。[動詞の-ing形を使って]

＿＿＿＿＿＿＿＿＿＿＿＿＿＿＿＿＿＿＿＿＿＿＿＿＿＿＿＿＿＿＿＿＿＿＿＿＿＿＿

(5) 数学を理解することはとてもおもしろいです。
　　[It と to＋動詞の原形を使って]〔※～を理解する：understand ～〕

＿＿＿＿＿＿＿＿＿＿＿＿＿＿＿＿＿＿＿＿＿＿＿＿＿＿＿＿＿＿＿＿＿＿＿＿＿＿＿

(6) 私は大学で勉強することに興味があります。［動詞の -ing 形を使って］

_____

Q 06 このUnitで学習したことを使い、(1)－(5) のことを、自分自身に当てはめて英文を作りましょう。当てはまる語が分からない場合は辞書などで調べましょう。

(1) 自分がすることが難しいと思っていること

_____

(2) 自分がすることがおもしろいと思っていること

_____

(3) 自分の夢

_____

(4) 自分がすることが好きなこと

_____

(5) 自分がすることに興味があること

_____

UNIT 12 2種類の「～すること」の形を区別する方法

「未来」を表すto不定詞と「現在・過去」を表す動名詞

STEP 1

まずは「to＋動詞の原形」がいつ使われるのかをマスターしましょう。

> **ポイント！**
>
> to ＋ 動詞の原形 ：「これから～する」という未来志向
> ➡「～したい／する」という前向き（＝積極的）な方向
>
> 例 To become a pilot is my dream. （パイロットに（これから）なることは私の夢です）
> 解説 「パイロットになること」は将来（＝未来）の夢。
>
> Bob hopes to study abroad.
> （ボブは外国で（これから）勉強することを願っています ➡ ボブは留学したいと願っています）
> 解説 「外国で勉強する（＝留学する）こと」は未来に実現したい願望。
>
> We tried to work here.
> （私たちはここで（これから）働くことを試みました ➡ 私たちはここで働こうとしました）
> 解説 「ここで働くこと」は未来に実現しようとした試み。現実は「まだここで働いていない」。

Q 01 次の(1)－(5)の日本文の意に合うように、下線部に [ ] の中の語句を入れ、英文を作りましょう。ただし、動詞は適切な形に変化させましょう。

(1) 映画スターになることは私の夢です。 [be / become / to]

　　_____ _____ a movie star _____ my dream.

(2) 彼らはここで働きたいと願っています。 [to / work / hope]

　　They _____ _____ _____ here.

(3) ジョンはパイロットになりたいと願っています。 [become / hope / to]

　　John _____ _____ _____ a pilot.

(4) 彼らはその公園で走ろうとしました。 [run / to / try]

　　They _____ _____ _____ in the park.

(5) メアリーはスペイン語を勉強しようとしました。[study / to / try]

Mary _____ _____ _____ Spanish.

「to＋動詞の原形」のみを後ろに置くことができる動詞 には次のようなものがあります。

hope to(do)（(可能と信じて)～したいと願う），
wish to(do)（(可能とは思えないが)～したいと願う），
decide to(do)（～することを決心する），　　learn to(do)（～するようになる），
pretend to(do)（～するふりをする），　　promise to(do)（～すると約束する）　etc.

STEP 2

次に「動詞＋-ing」がいつ使われるのかをマスターしましょう。

ポイント！

動詞の-ing形：「実際に～していること」という現在・過去志向
➡（「これから～しよう[したい]」という「to＋動詞の原形」とは逆方向）
➡「～するのをやめよう」という後ろ向き（＝消極的）な方向

例　Listening to music is my hobby.
（音楽に(実際に)耳を傾けていることは私の趣味です ⇨ 音楽を聞くことは私の趣味です）
解説　「音楽を聞くこと」は現在実際にしていること。

Bob finished smoking.
（ボブはタバコを吸うことを終えました ⇨ ボブはタバコを吸い終えました）
解説　「タバコを吸うこと」は実際にしていた過去のこと。

We tried working here.
（私たちはここで(実際に)働くことを試みました ⇨ 私たちはここで試しに働いてみました）
解説　「ここで働くこと」は実際にした過去のこと。現実は「すでにここで働いた」。

Q 02 次の(1)－(3)の日本文の意に合うように、下線部に[　]の中の語句を入れ、英文を作りましょう。ただし、[　]の中の動詞は適切な形にしましょう。

🔊 Audio 28

(1) 本を読むことは私の趣味です。[be / read]

_____ books _____ my hobby.

(2) ジョンは自分の車を洗い終えました。［ finish / wash ］

　　John _____ _____ his car.

(3) 彼らは手紙を書き終えました。［ finish / write ］

　　They _____ _____ a letter.

「**動詞の-ing形**」のみを後ろに置くことができる動詞には次のようなものがあります。

　　finish (do)ing（〜することを終える），
　　give up (do)ing（〜することをあきらめる、やめる），
　　enjoy (do)ing（〜することを楽しむ），
　　practice (do)ing（〜することを練習する），
　　imagine (do)ing（〜することを想像する），
　　miss (do)ing（〜することをそこなう ⇨ 〜しそこなう），
　　put off (do)ing（〜することを延期する），
　　mind (do)ing（〜することを嫌がる）　etc.

「**to＋動詞の原形**」を使うか「**動詞の-ing形**」を使うかで意味が変わるものもあります。

try to(do)（(これから)〜しようとする）／**try** (do)ing（試しに〜してみる），
remember to(do)（忘れずに〜する）／**remember** (do)ing（〜したことを覚えている），
forget to(do)（(これから)〜することを忘れる）／**forget** (do)ing（(過去に)〜したことを忘れる），
regret to(do)（残念ながら〜しなければならない）／**regret** (do)ing（〜したことを後悔する）　etc.

2種類の「〜すること」の形を区別する方法 ● 「未来」を表すto不定詞と「現在・過去」を表す動名詞　UNIT 12

STEP 3
総合演習問題

Q 03 次のpassageを読み、以下の(1)−(3)の設問にトライしましょう。

🔊 Audio 29

　Who doesn't like chocolate? From a long time ago, people have enjoyed [to eat / eating] chocolate; make it into a drink(それを飲み物にする), just eat it raw(生で；そのまま) or sometimes even mix it with spices. (A) For hundreds of years people used chocolate instead of(〜の代わりに) medicine for good health and many scientists tried to prove(〜を証明する) chocolate's effects(効果) on our body. There are many theories about the connection between chocolate and health as how(〜のように) it can cure(〜を治す) headaches(頭痛) and give you much energy thanks to(〜のおかげで) its vitamins. The most interesting(最も興味深い) theory is that chocolate can produce the same chemical as(〜と同じ化学物質) when we are in love. Every time(毎回〜するときは) you enjoy a piece of chocolate, you can experience(〜を経験する) love.

(1) [ ]内の表現のうち、適切なものを選び○で囲みましょう。

(2) 下線部 (A) を日本語に訳しましょう。

　　（　　　　　　　　　　　　　　　　　　　　　　　　　　　　　　　）

(3) 本文の内容に一致するものにはTに、一致しないものにはFに○をつけましょう。

　　①チョコレートはシナモンなどのスパイスを使って食べることはない。　［ T / F ］
　　②チョコレートは薬のような効果を発揮するとする説もある。　　　　　［ T / F ］
　　③チョコレートを食べると、恋をするときと同じ効果が得られる。　　　［ T / F ］

Q 04 次の(1)－(4)の日本文の意に合うように(　)内から適切なものを選び、○で囲みましょう。

(1) 私は大阪に住みたいと願っています。
　　I hope (to live / living) in Osaka.

(2) ジョンはその本を読み終えました。
　　John finished (to read / reading) the book.

(3) あなたは自分の両親にその手紙を忘れずに送らなければなりません。
　　You must remember (to send / sending) the letter to your parents.

(4) 私はあなたに会ったことを絶対に忘れないでしょう。〔※～に会う：meet ～〕
　　I will never forget (to meet / meeting) you.

Q 05 次の(1)－(3)の日本文の意に合う英文を作りましょう。　　　　　🔊 Audio 30

(1) メアリーは留学することを決心しました。〔※留学する：study abroad〕

　　_____

(2) ジョンは音楽を聞くことを楽しみました。

　　_____

(3) シンデレラはそのパーティーに行こうとしました。〔※シンデレラ：Cinderella〕

　　_____

2種類の「〜すること」の形を区別する方法 ● 「未来」を表すto不定詞と「現在・過去」を表す動名詞　UNIT 12

Q 06 次の(a)−(b)の表現は、いずれも初対面での挨拶に使われます。

(a) Nice to meet you.

(b) Nice meeting you.

しかしながら、一方は「初めて対面した時」に使われるのに対し、他方は「知り合って会話を交わした後、別れる時」に使われます。上記 (a) 〜 (b) の内、どちらが「初めて対面した時」に使われる表現で、どちらが「別れる時」に使われる表現なのか答えましょう。また、その理由も説明しましょう。

_____

_____

_____

Q 07 例にならって [　] 内の語句を使い、「あなたがしたいと願うこと」を英語で表現してみましょう。当てはまる語が分からない場合は辞書などで調べましょう。

(例) 買いたいと願うもの　[buy]

　　I hope to buy a house._____

(1) なりたいと願うもの　[become]

_____

(2) 行きたいと願う場所　[go to]

_____

UNIT 13 「〜するために」と「〜して」を表す形
to不定詞の副詞的用法

STEP 1

まずは「〜するために」を表す形をマスターしましょう。

> **ポイント！**
>
> to ＋ 動詞の原形 ：「〜するために」
>
> ◆ to＋動詞の原形 は主語が何かをする「目的」を表す役割を持っている。
>
> 例 We went to the theater to watch a movie. （私たちは映画を見るために映画館に行きました）
> 　　　　　　　　　　　　　to＋動詞の原形　　　　　　　〜するために

Q 01 次の(1)－(6)の日本文の意に合うように、下線部に [ ] の中の語句を入れ、英文を作りましょう。

(1) 私たちは野球の試合を見るために東京に行きました。
[watch / a baseball game / to]

We went to Tokyo ＿＿＿＿＿＿ ＿＿＿＿＿＿ ＿＿＿＿＿＿ .

(2) 私は医者になるために大学で医学を勉強しています。[become / a doctor / to]

I study medicine at university ＿＿＿＿＿＿ ＿＿＿＿＿＿ ＿＿＿＿＿＿ .

(3) 私は本を借りるために図書館に行かなければなりません。[to / a book / borrow]

I must go to the library ＿＿＿＿＿＿ ＿＿＿＿＿＿ ＿＿＿＿＿＿ .

(4) 私は部屋を暖かくするために窓を閉めました。[make / warm / to / the room]

I closed the window ＿＿＿＿＿＿ ＿＿＿＿＿＿ ＿＿＿＿＿＿ ＿＿＿＿＿＿ .

(5) 私は彼女にチョコレートをあげるために彼女の家を訪れました。
[give / chocolate / to / her]

I visited her house ＿＿＿＿＿＿ ＿＿＿＿＿＿ ＿＿＿＿＿＿ ＿＿＿＿＿＿ .

(6) 彼女は子供たちに夕食を作るために家に帰りました。
[make / her children / to / dinner]

She went back home ＿＿＿＿＿＿ ＿＿＿＿＿＿ ＿＿＿＿＿＿ ＿＿＿＿＿＿ .

UNIT 13

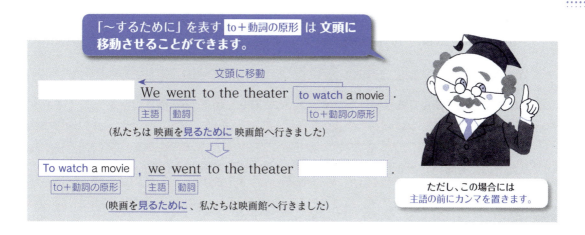

STEP 2

次に「〜して」を表す形をマスターしましょう。

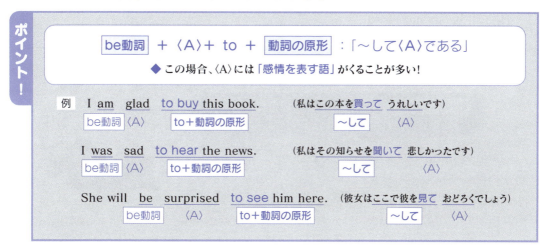

Q 02 次の(1)〜(8)の日本文の意に合うように、下線部に［ ］の中の語句を入れ、英文を作りましょう。

(1) 私はその写真を見てうれしかったです。［ see / to / the picture ］

　　　I was glad ＿＿＿＿＿＿＿＿ ＿＿＿＿＿＿＿＿ ＿＿＿＿＿＿＿＿ .

(2) 私は医者になってうれしいです。［ become / a doctor / to ］

　　　I am glad ＿＿＿＿＿＿＿＿ ＿＿＿＿＿＿＿＿ ＿＿＿＿＿＿＿＿ .

(3) 私たちは試合に勝ってうれしいです。［ to / the game / win ］ 〔※試合に勝つ：win the game〕

　　　We are glad ＿＿＿＿＿＿＿＿ ＿＿＿＿＿＿＿＿ ＿＿＿＿＿＿＿＿ .

(4) 私たちは試合に負けて悲しかったです。
　　［ the game / lose / to ］〔※試合に負ける：lose the game〕

　　We were sad _____ _____ _____ .

(5) 私はその手紙を読んで悲しかったです。［ to / the letter / read ］

　　I was sad _____ _____ _____ .

(6) 私はその話を聞いてとても悲しいです。［ the story / hear / to ］〔※とても：so〕

　　I am so sad _____ _____ _____ .

(7) 私はここで新しいレストランを見つけておどろきました。
　　［ a new restaurant / find / to ］

　　I was surprised _____ _____ _____ here.

(8) 彼は彼女の名前を知ってとてもおどろくでしょう。［ her name / know / to ］

　　He will be so surprised _____ _____ _____ .

> to＋動詞の原形 が「〜して」を表す場合に使われる「感情を表す語」は他にもあります。

be **happy** to do（〜してうれしい／幸せな），
be **pleased** to do（〜してうれしい），
be **delighted** to do（〜して喜ぶ），　　be **thankful** to do（〜して感謝している），
be **sorry** to do（〜して残念な），　　be **disappointed** to do（〜してがっかりする）　etc.

UNIT 13

「〜するために」と「〜して」を表す形 ● to不定詞の副詞的用法

STEP 3

総合演習問題

Q 03 次のpassageを読み、以下の(1)-(3)の設問にトライしましょう。

 Audio 31

　　The human race tends to search for thrilling experiences. In the past, strong young men used to battle each other, or fight with wild animals as a sport. In order to feel the excitement, many risked their lives. In modern days, on the other hand, people use devices to experience adrenaline rushes. (A)They go to the amusement park to ride apparently dangerous machines. Sports like jumping from a plane with a parachute, bungee jumping or surfing are just other examples of how people are experiencing adrenaline rush. (B)People engage in these sports with enjoyment but in the end they all are glad to be alive. But why people need to feel new thrills remains a mystery.

(1) 下線部 (A) について、なぜこのような行動をとるのか、その理由を日本語で答えましょう。

(　　　　　　　　　　　　　　　　　　　　　　　　　　　　　　　　　)

(2) 下線部(B)を日本語に訳しましょう。

（　　　　　　　　　　　　　　　　　　　　　　　　　　　　　　）

(3) 本文の内容に一致するものにはTに、一致しないものにはFに○をつけましょう。

　① 過去に力の強い若い男たちが動物と戦ったのは気晴らしのためではない。　［ T / F ］
　② バンジージャンプをするとアドレナリンを出すことを経験できる。　　　　［ T / F ］
　③ なぜ人々がスリルを求めるのかは科学的に証明されている。　　　　　　　［ T / F ］

Q 04 次の(1)－(6)の日本文の意に合うように、それぞれ［　］内の指示に従って英文を作りましょう。　　　　🔊 **Audio 32**

(1) 私はこのレストランで朝食を食べてとてもうれしかったです。　［happyを使って］

_____

(2) 私たちはその事実を知って残念でした。　［sorryを使って］〔※事実：fact〕

_____

(3) 私はここで彼を見ておどろきました。　［surprisedを使って］

_____

(4) 彼女はその映画を見てがっかりするでしょう。　［disappointedを使って］

_____

(5) 英語を勉強するために、彼女はカナダに行きました。　［Toで始めて］〔※カナダ：Canada〕

_____

(6) 弁護士になるために、私は法律を勉強しなければならない。
　　［Toで始めて］〔※弁護士：lawyer, 法律：law〕

_____

「〜するために」と「〜して」を表す形 ● to不定詞の副詞的用法 UNIT 13

Q 05 このUnitで学習したことを使い、この1週間の自分の行動を振り返り、(1)−(5)のことに当たる英文を作りましょう。当てはまる語が分からない場合は辞書などで調べましょう。

(1) うれしかったこと

　_____

(2) 悲しかったこと

　_____

(3) がっかりしたこと

　_____

(4) おどろいたこと

　_____

(5) 残念だったこと

　_____

Q 06 教室内にいる3人の人にそれぞれ「何のために英語を勉強するのか」をインタビューしてみましょう。そして、その結果を下にまとめましょう。また、あなた自身についても書きましょう。

1人目：_____

2人目：_____

3人目：_____

あなた：_____

UNIT 14 「～するための」と「～するという」を表す形

to不定詞の形容詞的用法

STEP 1

まずは「～するための」を表す形をマスターしましょう。

ポイント！

〈A〉＋ to ＋ 動詞の原形 ：「～するための〈A〉」

例 I bought something to drink.
　　　　　　　〈A〉　 to＋動詞の原形

（私は 飲むための 何かを 買いました ⇒ 私は何か飲むものを買いました）
　　　〜するための 〈A〉

解説 something to drink は drink something（何かを飲む）を元の形と考えよう。

I have just finished a lot of homework to do.
　　　　　　　　　　　〈A〉　　　　　to＋動詞の原形

（私は するための 多くの宿題を 終えたところです ⇒ 私はするべき多くの宿題を終えたところです）
　　　〜するための 〈A〉

解説 a lot of homework to do は do a lot of homework（多くの宿題をする）を元の形と考えよう。

She needs a boyfriend to love her.
　　　　　〈A〉　　　 to＋動詞の原形

（彼女は 自分を愛するための 恋人を 必要としています ⇒ 彼女には自分を愛してくれる恋人が必要です）
　　　　 〜するための　　　 〈A〉

解説 a boyfriend to love her は a boyfriend loves her（恋人は彼女を愛する）を元の形と考えよう。

Q 01 次の(1)－(4)の日本文の意に合うように、下線部に[　]の中の語句を入れ、英文を作りましょう。

(1) 私たちはあの店で**何か食べるものを**買うつもりです。［ eat / something / to ］

　　We will buy ＿＿＿＿＿＿＿ ＿＿＿＿＿＿＿ ＿＿＿＿＿＿＿ at that store.

(2) 彼は私に試験のために**読むべき本を**貸してくれました。
　　［ read / books / to ］〔※試験：exam〕

　　He lent me ＿＿＿＿＿＿＿ ＿＿＿＿＿＿＿ ＿＿＿＿＿＿＿ for the exam.

「～するための」と「～するという」を表す形 ● to不定詞の形容詞的用法　UNIT 14

(3) 私たちは私たちと一緒に働いてくれる学生を探しています。
　　[to / students / work]　〔※～を探す：look for ～〕

　　We are looking for ＿＿＿＿＿＿ ＿＿＿＿＿＿ ＿＿＿＿＿＿ together.

(4) 彼女は彼にあげるプレゼントを買いました。[give / to / a present / him]

　　She bought ＿＿＿＿＿ ＿＿＿＿＿ ＿＿＿＿＿ ＿＿＿＿＿ ．

「to＋動詞の原形」の後では in などの語で終わる場合もあります。

He doesn't have　a house　to live in.
　　　　　　　　　〈A〉　　to＋動詞の原形＋in

（彼には　住む（ための）　家が ありません）
　　　　　～するための　　〈A〉

解説　a house to live in は live in a house（家に住む）を元の形と考えます。

◆ inの他には at, on, with などの語がよく使われます。

STEP 2

次に「～するという」を表す形をマスターしましょう。

ポイント!

〈A〉＋ to ＋ 動詞の原形 ：「～するという〈A〉」
◆ to＋動詞の原形 は〈A〉の「具体的内容」を説明する役割を持っている。

例　He made a plan to travel to Spain.
　　　　　　　〈A〉　　to＋動詞の原形

（彼は スペインに旅行するという 計画を 作りました ⇨ 彼はスペインに旅行する計画を立てました）
　　　　　　　～するという　　　　〈A〉

I have a wish to become a movie star.
　　　　〈A〉　　to＋動詞の原形

（私は 映画スターになるという 願望を 持っています ⇨ 私には映画スターになりたいという願望があります）
　　　　　　～するという　　　　〈A〉

Q 02 下の ▭ 内の表現を参考にして、次の (1)－(6) の日本文に合うように、下線部に [ ] の中の語句を入れ、英文を作りましょう。

> 【 planやwishと同じように、このパターンで使える表現 】
> **ability** to do（〜する（という）能力）, **decision** to do（〜する（という）決心）,
> **promise** to do（〜する（という）約束）, **proposal** to do（〜する（という）提案） etc.

(1) 彼には来年留学する計画があります。 [a plan / study abroad / to]

　　He has ＿＿＿＿＿＿ ＿＿＿＿＿＿ ＿＿＿＿＿＿ next year.

(2) メアリーにはパイロットになりたいという願望がありました。
　　[to / a pilot / become / a wish] 〔※パイロット：pilot〕

　　Mary had ＿＿＿＿＿＿ ＿＿＿＿＿＿ ＿＿＿＿＿＿ ＿＿＿＿＿＿ .

(3) あなたはネイルサロンを開くという彼女の決心を知っていましたか。
　　[her decision / open / to / a nail salon] 〔※ネイルサロン：nail salon〕

　　Did you know ＿＿＿＿＿＿ ＿＿＿＿＿＿ ＿＿＿＿＿＿ ＿＿＿＿＿＿ ?

(4) ジョンは駅で私に会うという約束を破りました。
　　[to / me / his promise / meet] 〔※ 約束を破る：break one's promise〕

　　John broke ＿＿＿＿＿＿ ＿＿＿＿＿＿ ＿＿＿＿＿＿ ＿＿＿＿＿＿ at the station.

(5) 私たちには情報を記憶する能力があります。
　　[information / the ability / memorize / to] 〔※情報：information、〜を記憶する：memorize 〜〕

　　We have ＿＿＿＿＿＿ ＿＿＿＿＿＿ ＿＿＿＿＿＿ ＿＿＿＿＿＿ .

(6) 彼らは新しい道路を建設するという提案を受け入れました。
　　[a new road / build / to / a proposal] 〔※〜を建設する：build 〜、〜を受け入れる：accept 〜〕

　　They accepted ＿＿＿＿＿＿ ＿＿＿＿＿＿ ＿＿＿＿＿＿ ＿＿＿＿＿＿ .

UNIT 14

「～するための」と「～するという」を表す形 ● to不定詞の形容詞的用法

STEP 3
総合演習問題

Q 03 次のpassageを読み、以下の(1)-(3)の設問にトライしましょう。

In recent years, the number of SNS users increased surprisingly. SNS itself is a business with big benefit. Heavy users check their smartphone constantly, and some developed dexterity and (A) have [to type / a long text / the ability] in a few seconds. The contents of users' posts are somewhat simple, and they vary from self-pictures, daily life experiences, to group discussions. Some go overboard and use rude words towards others, and in some extreme cases stalk. A somewhat positive side of SNS is the fact that (B) less sociable people have the chance to express themselves without feeling embarrassed and to share their interests and ideas.

(1) 下線部(A)の[　]内の語句を正しく並び替え、英文を作りましょう。

have ＿＿＿＿＿＿＿ ＿＿＿＿＿＿＿ ＿＿＿＿＿＿＿ in a few seconds.

(2) 下線部 (B) を日本語に訳しましょう。

(　　)

(3) 本文の内容に一致するものにはTに、一致しないものにはFに○をつけましょう。

①SNSの利用者は増えているが、営利を生むようなビジネスにはなっていない。[T / F]
②SNSの利用はグループ・ディスカッションを行う目的に限定される。　　　　[T / F]
③SNSの利用者の中には、他の人に失礼な言葉遣いをする人もいる。　　　　　[T / F]

Q 04 例にならって、次の(1)－(5)の英文中の下線部を元の形に直しましょう。

(例) We have a lot of homework to do. → do a lot of homework

(例) She needs a boyfriend to love her. → a boyfriend love her

(例) He doesn't have a house to live in. → live in a house

(1) We have something to drink.　　　　　＿＿＿＿＿＿＿＿＿＿＿＿＿＿＿

(2) We have teachers to teach us Spanish.　＿＿＿＿＿＿＿＿＿＿＿＿＿＿＿

(3) We have a magazine to read.　　　　　＿＿＿＿＿＿＿＿＿＿＿＿＿＿＿

(4) We have friends to play with.　　　　　＿＿＿＿＿＿＿＿＿＿＿＿＿＿＿

(5) We have a big house to live in.　　　　＿＿＿＿＿＿＿＿＿＿＿＿＿＿＿

Q 05 次の(1)－(7)の日本文の意に合う英文を作りましょう。

(1) 私は彼に何か食べるものを買ってあげました。

(2) あなたにはそのコンサートにあなたと一緒に行ってくれる友人がいますか。
　　〔※コンサート：concert〕

(3) 彼には今夜仕上げるべき宿題がたくさんあります。〔※～を仕上げる：finish ～〕

(4) 彼女は住む家を見つけなければなりません。〔※～を見つける：find ～〕

「〜するための」と「〜するという」を表す形 ● to不定詞の形容詞的用法 UNIT 14

(5) 彼らには将来教師になりたいという願望があります。〔※将来：in the future〕

_____

(6) 私は英語を毎日勉強するという約束をしました。

_____

(7) 私たちは新しい工場を建設するという提案を受け入れませんでした。〔※工場：factory〕

_____

Q 06 例にならって［　］内の語句について「to＋動詞の原形」を使い、(1)−(3)について、自分自身に当てはめて英文を作りましょう。当てはまる語が分からない場合は辞書などで調べましょう。

(例) 恋人について　［ a boyfriend / a girlfriend ］
　　I need a boyfriend to love me. / I need a girlfriend to love me.

(例) 計画について　［ a plan ］
　　I have a plan to go to Spain next year.

(1) 友達について　［ a friend ］

_____

(2) 計画について　［ a plan ］

_____

(3) 願望について　［ a wish ］

_____

UNIT 15 「～される」を表す形

受動態

STEP 1

まずは「～する」を表す形から「～される」を表す形に書き換えるパターンをマスターしましょう。

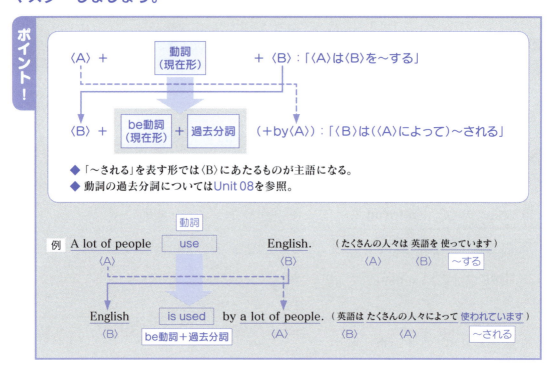

Q 01 次の(1)－(8)の動詞の過去分詞の形を辞書で調べて書きましょう。

(1) cut _____   (5) make _____

(2) hit _____   (6) break _____

(3) read _____ (7) speak _____

(4) build _____ (8) steal _____

「～される」を表す形 ● 受動態　UNIT 15

Q 02 次の (1) － (3) の英文を「～される」を表す形の文に書き換えるとき、下線部に適切な語を一語ずつ入れ、英文を作りましょう。

(1) Everyone loves her.

　_____　_____　_____ by everyone.

(2) A lot of students read these books.

　_____　_____　_____　_____ by a lot of students.

(3) A lot of people speak English.

　_____　_____　_____ by a lot of people.

> 「～される」を表す形では by〈A〉の部分が省略されることがあります。

Someone plants roses in this park every year.
（誰かが毎年この公園でバラを植えています）

⇨ Roses are planted in this park (by someone) every year.
（バラが毎年（誰かに）この公園で植えられています）

◆「誰に～されているのか」が分からない場合には by ～ の部分を省略することが多いのです。

STEP 2

次に「～された」を表す形と「～されるだろう」を表す形をマスターしましょう。

ポイント！

〈B〉＋ be動詞(過去形) ＋ 過去分詞 （＋by〈A〉）:「〈B〉は（〈A〉によって）～された」

〈B〉＋ will ＋ be動詞(原形) ＋ 過去分詞 （＋by〈A〉）:「〈B〉は（〈A〉によって）～されるだろう」

例　This building was built in 1937.　（この建物は 1937年に 建てられました）
　　〈B〉　　be動詞＋過去分詞　　　　　　　〈B〉　　～された

　　This big tree will be cut tomorrow.　（この大きな木は 明日 切られるでしょう）
　　〈B〉　will　be動詞＋過去分詞　　　　　〈B〉　　～されるだろう

89

Q 03 次の (1) – (6) の日本文の意に合うように、下線部に [ ] の中の語句を入れ、英文を作りましょう。ただし、動詞(be動詞を含む)は適切な形に直しましょう。なお、文頭に来る語句も小文字にしてあります。

🔊 Audio 34

(1) 私の友達は昨日ジョンにたたかれました。
　　[be / by John / hit / my friend] 〔※～をたたく：hit ～〕
　　_____ _____ _____ _____ yesterday.

(2) 彼女は友達にあっちゃんと呼ばれていました。
　　[Acchan / be / by her friends / call]
　　She _____ _____ _____ _____ .

(3) この車は去年イタリアで作られました。　[be / in Italy / make / this car]
　　_____ _____ _____ _____ last year.

(4) 彼の映画は世界中で見られるでしょう。　[be / his movie / watch / will]
　　_____ _____ _____ _____ all over the world.

(5) 新しい図書館は来年建てられるでしょう。　[a new library / be / build / will]
　　_____ _____ _____ _____ next year.

(6) この本は将来たくさんに人に読まれるでしょう。
　　[be / by a lot of people / this book / read / will]
　　_____ _____ _____ _____ _____ in the future.

日本語にまどわされずに「何を主語に置くのか」に気を付けましょう。「～する」の形に直すとよいです。

私は昨日財布を盗まれました。

❌ I was stolen my purse yesterday.

　　解説　「～する」の文に戻すと、"Someone stole me yesterday."
　　　　（誰かが昨日私を盗んだ）のようなおかしな意味を表す文となり、
　　　　さらに、"my purse" が文に入らない宙に浮いた状態になるので不適。

⭕ My purse was stolen yesterday.

　　解説　「～する」の文に戻すと、"Someone stole my purse yesterday."
　　　　（誰かが昨日私の財布を盗んだ）となるのでOK。
　　　　「財布を盗まれた」 ⇨ 「財布が盗まれた」と考えるとよい。

「～される」を表す形 ● 受動態 UNIT 15

総合演習問題

Q 04 次のpassageを読み、以下の(1)－(3)の設問にトライしましょう。

 Audio 35

　　Education changed a lot in recent years, from teaching methods to learning content. But no one was expecting a change in the learning materials. At the moment under a traditional learning way, normal textbooks [use] by everyone. (A) As technology advances, new ideas arise, and most likely every textbook will be switched to electronic ones in the near future. If subjects like Geometry were difficult to understand, with a new 3-D mode explanation, it will be easy to learn. Reading and hearing sound effects at the same time can improve second language skills. With further development in technology we will enter a new digital era.

(1) [ ]内の動詞を、「～される」の形に直しましょう。

(2) 下線部 (A) を日本語に訳しましょう。

(　　　　　　　　　　　　　　　　　　　　　　　　　　　　　　　　　　　　　　　）

(3) 本文の内容に一致するものにはTに、一致しないものにはFに○をつけましょう。

① 技術の進歩と共に学習内容が変化することは誰も予期していなかった。　［ T / F ］
② 理解が難しい科目については、技術の進歩でもってさえ対処できない。　［ T / F ］
③ さらに技術が進歩することで、私たちは新たなデジタル時代を迎えることになる。［ T / F ］

Q 05 次の (1) − (2) の日本文の意に合うものを、それぞれ①−②の中から選び、数字を○で囲みましょう。

(1) 私の母は昨日電車の中でカバンを盗まれました。

① My mother was stolen her bag on the train yesterday.
② My mother's bag was stolen on the train yesterday.

(2) メアリーは友達にコンピュータをこわされました。

① Mary was broken her computer by her friend.
② Mary's computer was broken by her friend.

Q 06 次の(1)−(7)の日本文の意に合う英文を作りましょう。　　　Audio 36

(1) 私の家は5年前に建てられました。　〔※5年前に：five years ago〕

_____

(2) 新しい駅が3年後に建てられるでしょう。　〔※3年後に：in three years〕

_____

(3) たくさんの木が世界中で切られています。

_____

(4) 英語は多くの国で勉強されています。

_____

(5) これらの野菜は日本で栽培されました。　〔※〜を栽培する：grow 〜〕

_____

(6) 私の車は去年メアリーに使われていました。

_____

(7) 私は学校で大ちゃん(Dai-chan)と呼ばれています。

_____

Q 07 このUnitで学習したことを使い、例にならって、(1)−(2)のことを自分自身に当てはめて、英文を作りましょう。当てはまる語が分からない場合は辞書などで調べましょう。

(例) 友達に何と呼ばれているのか。
　　 I am called Masa by my friends.

(例) 自分の持ち物がどこの国で作られているのか。
　　 My smartphone was made in Japan.

(1) 友達に何と呼ばれているのか。

_____

(2) 自分の持ち物がどこの国で作られているのか。

_____

UNIT 16 「〜している」を表す形
現在分詞の形容詞的用法

STEP 1

まずは「〜している〈A〉」を表す基本的な形をマスターしましょう。

> **ポイント!**
>
> 動詞の -ing 形 ＋ 〈A〉 ： 「〜している〈A〉」
> ◆ 動詞の -ing 形 1語で〈A〉を説明 ⇨ 〈A〉の直前にくることに注意！
>
> 例　Can I give this chocolate bar to that <u>crying</u> <u>boy</u>？
> 　　　　　　　　　　　　　　　　　　　　 動詞の-ing形 ＋〈A〉
> （あの <u>泣いている</u> <u>男の子</u> にこの板チョコをあげてもいいですか）
> 　　　 〜している　 ＋〈A〉
> 解説　that crying boy は that boy is crying (あの男の子は泣いている) を元の形と考えよう。

Q 01 次の(1)−(5)の日本文の意に合うように、下線部に [ ] の中の語句を入れ、英文を作りましょう。ただし、[ ] の中の動詞は -ing 形にしましょう。

(1) あの泣いている女の子にこのクッキーをあげてもいいですか。
　　[cry / girl]　〔※泣く：cry〕

　　May I give this cookie to that _____ _____ ?

(2) 多くの人があの燃えているビルにまだいるんです！
　　[building / burn]　〔※燃える：burn、まだ：still〕

　　A lot of people are still in that _____ _____ !

(3) あなたににっこり笑っている赤ん坊の動画を見せましょう。
　　[baby / smile]　〔※にっこり笑う：smile〕

　　I will show you a video of a _____ _____ .

(4) この点滅している電灯を消していただけませんか。
　　[flash / light]　〔※点滅する：flash、電灯：light、〜を消す：turn off 〜〕

　　Would you turn off this _____ _____ ?

(5) あの湯気を立てているスープはおいしそうに見えます。
　　[soup / steam]　〔※湯気を立てる：steam、スープ：soup、おいしい：delicious〕

　　That _____ _____ looks delicious.

> 「動詞の-ing形＋〈A〉」の形が『〜するための〈A〉』という意味になる場合もあります。

a waiting room
（待つための部屋 ⇨ 待合室　❌ 待っている部屋）
a smoking seat
（タバコを吸うための席 ⇨ 喫煙席　❌ タバコを吸っている席）
drinking water　　（飲むための水 ⇨ 飲料水　❌ 飲んでいる水）
running shoes　　（走るための靴 ⇨ ランニングシューズ　❌ 走っている靴）etc.

STEP 2

次に「〜している〈A〉」を表す別の形をマスターしましょう。

ポイント！

〈A〉＋ 動詞の-ing形 ＋ α ：「〜している〈A〉」

◆ 動詞の-ing形 がほかの語句（α）と一緒に〈A〉を説明
⇨ [動詞の-ing形 ＋α]の部分は〈A〉の直後にくることに注意！

例　Do you know that man talking with her?
　　　　　　　　　　〈A〉＋ 動詞の-ing形 ＋α
　　（彼女と 話している あの 男性 を知っていますか）
　　　　　 α ＋　〜している　＋〈A〉

Q 02　次の(1)-(7)の日本文の意に合うように、下線部に[　]の中の語句を入れ、英文を作りましょう。[　]の中の動詞は-ing形にしましょう。

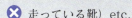 Audio 37

(1) 校門のところに立っている女性を知っていますか。
　　[at the school gate / stand / woman]

　　Do you know the _____ _____ _____ ?

(2) ソファーで寝ている赤ん坊は私の孫です。
　　[baby / on the sofa / sleep]　〔※孫：grandson〕

　　The _____ _____ _____ is my grandson.

(3) あそこで本を読んでいる女性にこれを渡してください。
[a book / over there / read / woman]〔※あそこで：over there〕

Please give this to the ＿＿＿＿ ＿＿＿＿ ＿＿＿＿ ＿＿＿＿ .

(4) 私は駅で私を待っている友人にメールを送らなければなりません。
[at the station / a friend / wait for me]〔※～を待つ：wait for ～〕

I have to send an e-mail to ＿＿＿＿ ＿＿＿＿ ＿＿＿＿ .

(5) 彼女は空を飛んでいるツルの写真を撮りました。
[cranes / fly / in the sky]〔※ツル：crane、～の写真を撮る：take a picture of ～〕

She took a picture of ＿＿＿＿ ＿＿＿＿ ＿＿＿＿ .

(6) 私たちはステージで歌を歌っている学生に会ったことがありません。
[a song / on the stage / sing / student]〔※～に会う：meet ～〕

We have never met the ＿＿＿＿ ＿＿＿＿ ＿＿＿＿ ＿＿＿＿ .

(7) グラウンドで走っている人たちはあなたの友人ですか。
[on the ground / people / run]

Are the ＿＿＿＿ ＿＿＿＿ ＿＿＿＿ your friends?

「see＋〈A〉＋動詞の-ing形」は日本語の意味をパターン化して覚えておくとよいです。

I saw a lot of people crossing the street.
　　　　　　　〈A〉＋ 動詞の-ing形 ＋α

(私はその通りを 横切っている 多くの 人々を 見ました
　　　　　α＋　～している　　＋〈A〉
⇨ 私は 多くの人々がその通りを横切っているのが見えました)

◆ seeの他にはhearがよく使われます：
I heard him playing the piano.（私は彼がピアノを弾いているのが聞こえました）

「〜している」を表す形 ● 現在分詞の形容詞的用法 UNIT 16

STEP 3
総合演習問題

Q 03 次のpassageを読み、以下の(1)−(3)の設問にトライしましょう。

 Audio 38

　　The world today faces many problems regarding people's health. Hormonal change and excessive grow of human cells are just a few of these problems. Some believe that a significant role in these abnormal changes is fast-food. Although fast-food chains claim that their food is healthy, we all know that (A) unhealthy eating habits on a daily basis are bad for our body. (B) Pizza, burgers and so on, have poor nutrition levels and almost no vitamins to sustain a growing body. Regardless of age, the best way to get a healthy body is by eating fresh ingredients and home-made meals as much as possible.

(1) 下線部 (A) が指し示す内容について、本文に記載されているもの以外の食べ物を3つ考え、英語で答えましょう。英語で何と言うのかわからない場合は、辞書で調べましょう。

_____

_____

_____

(2) 下線部 (B) を日本語に訳しましょう。

(　　　　　　　　　　　　　　　　　　　　　　　　　　　　　　　　　）

(3) 本文の内容に一致するものにはTに、一致しないものにはFに○をつけましょう。

① 世界の健康問題について、それらの大半の原因はホルモンの変化に関ることだ。［T / F］
② ファースト・フードのチェーン店は、自分たちが提供する食品の安全性に自信を持っている。［T / F］
③ 健康を維持するには、できるだけ外食を避けて栄養価の高いものを食べる必要がある。［T / F］

Q 04 次の(1)−(4)の英文を作るのに、適切なものを（　）内から選び、○で囲みましょう。

(1) Do you know the (woman sitting on the bench / sitting on the bench woman)?
(2) Every student escaped from that (burning building / building burning).
(3) Do you have a (room waiting / waiting room) in this station?
(4) I saw (standing there her / her standing there).

Q 05 次の(1)−(8)の日本文の意に合う英文を作りましょう。また、［　］がある場合は、その指示に従いましょう。

(1) あの泣いている女の子にこの板チョコをあげてもいいですか。

_____

(2) 私はあの燃えている家から逃げてきたところです。　［※〜から逃げる：escape from 〜］

_____

(3) あなたは彼女と話しているあの男性を知っていますか。

_____

(4) ステージで演説している女性は私の母親です。［※ステージで：on the stage、演説する：make a speech］

_____

「〜している」を表す形 ● 現在分詞の形容詞的用法　UNIT 16

(5) 彼女はあの待合室で本を読んでいます。

_____

(6) この国で飲料水を手に入れることは容易ではありません。
　　［Itとto+ 動詞の原形を使って］〔※〜を手に入れる：get 〜、容易な：easy〕

_____

(7) 私は自分の父親がその通りを横切っているのが見えました。〔※通り：street、〜を横切る：cross 〜〕

_____

(8) 私は自分の娘がバイオリンを弾いているのが聞こえました。〔※バイオリン：violin〕

_____

Q 06 例にならってsee［hear］＋〈A〉＋動詞の-ing形を使って、(1)−(2)について、自分自身に当てはめて英文を作りましょう。当てはまる語が分からない場合は辞書などで調べましょう。

(例) 見えたものについて ［ see ］
　　I saw a man standing at the school gate.

(例) 聞こえたものについて ［ hear ］
　　I heard my son calling my name.

(1) 見えたものについて ［ see ］

_____

(2) 聞こえたものについて ［ hear ］

_____

UNIT 17 「〜された」を表す形

過去分詞の形容詞的用法

STEP 1

まずは「〜された〈A〉」を表す基本的な形をマスターしましょう。

> **ポイント！**
>
> 過去分詞 ＋ 〈A〉 ： 「〜された〈A〉」
>
> ◆ 過去分詞 1語で〈A〉を説明 ⇨ 〈A〉の直前にくることに注意！
>
> 例 I like boiled eggs. （私は ゆでられた 卵 が好きです ⇨ 私はゆで卵が好きです）
> 　　　過去分詞＋〈A〉　　　　　〜された＋〈A〉
>
> 解説 boiled eggs は eggs are boiled（卵はゆでられている）を元の形と考えよう。

Q 01 次の(1)−(6)の動詞の過去分詞の形を辞書で調べて書きましょう。

(1) grill _____　(4) speak _____

(2) use _____　(5) take _____

(3) fry _____　(6) sing _____

Q 02 次の(1)−(4)の日本文の意に合うように、下線部に［　］の中の語句を入れ、英文を作りましょう。ただし、［　］の中の動詞は適切な形に直しましょう。

(1) 私は(網焼きされた魚 ⇨)焼き魚を食べたいです。 ［ fish / grill ］

I want to eat _____ _____ .

(2) これは(使われた車 ⇨)中古車です。 ［ car / use ］

This is a _____ _____ .

(3) 私は(揚げられた卵 ⇨)目玉焼きが好きです。 ［ eggs / fry ］

I like _____ _____ .

(4) これらの語は(話された言語 ⇨)話し言葉では使われません。 ［ language / speak ］

These words are not used in _____ _____ .

UNIT 17 「〜された」を表す形 ● 過去分詞の形容詞的用法

> 「〜を」を伴わない動詞が 過去分詞 の形になると「〜し(終え)た〈A〉」の意になります。

fall（落ちる） ⇒ fallen（落ちた）
 例　fallen leaves（落ちた葉 ⇒ 落ち葉 ✗ 落とされた葉）
  参考　falling leaves（落ちている(途中の)葉 ⇒ 舞い落ちている葉）

develop（発展する） ⇒ developed（発展した）
 例　a developed country（発展し(終え)た国 ⇒ 先進国 ✗ 発展させられた国）
  参考　a developing country（発展している(途中の)国 ⇒ 発展途上国）

drown（おぼれ死ぬ） ⇒ drowned（おぼれ死んだ）
 例　a drowned man（溺れ死んだ人 ⇒ 溺死者 ✗ 溺れ死なされた人）
  参考　a drowning man（溺れ死んでいる(途中の)人 ⇒ 溺れ死にかけている人） etc.

STEP 2

次に「〜された〈A〉」を表す別の形をマスターしましょう。

ポイント！

〈A〉＋ 過去分詞 ＋ α ：「〜された〈A〉」

◆ 過去分詞 がほかの語句(+α)と一緒に〈A〉を説明
⇒ [過去分詞 +α]の部分は〈A〉の直後にくることに注意！

例　I like eggs boiled in the hot spring water.（私は 温泉水で ゆでられた 卵 が好きです）
　　〈A〉+ 過去分詞　　　＋α　　　　　　　　　　　α ＋ 〜された ＋〈A〉

Q 03 次の(1)−(6)の動詞の過去分詞の形を辞書で調べて書きましょう。

(1) call _____　(4) write _____

(2) name _____　(5) steal _____

(3) break _____　(6) make _____

Q 04 次の (1)–(9) の日本文の意に合うように、下線部に [ ] の中の語句を入れ、英文を作りましょう。ただし、[ ] の中の動詞は適切な形に直しましょう。なお、文頭に来る語句も小文字にしてあります。

🔊 Audio 39

(1) 私は（鉄板の上で焼かれたステーキ ⇨）鉄板焼きのステーキを食べたいです。
[grill / on an iron plate / steak] 〔※鉄板の上で：on an iron plate〕

I want to eat _____ _____ _____ .

(2) これはその映画で使われた車です。[in the movie / the car / use]

This is _____ _____ _____ .

(3) 私はたっぷりの油で揚げられたポテトスライスが好きです。
[fry / in deep fat / potato slices] 〔※たっぷりの油で：in deep fat〕

I like _____ _____ _____ .

(4) 私はジョンに壊された時計を店に持っていきました。
[break / by John / the watch]

I brought _____ _____ _____ to the store.

(5) ブラジルで話されている言語はポルトガル語です。
[in Brazil / speak / the language] 〔※ポルトガル語：Portuguese〕

_____ _____ _____ is Portuguese.

(6) これはフランス語で書かれた本です。
[a book / in French / write] 〔※フランス語：French〕

This is _____ _____ _____ .

(7) 私はエースと（呼ばれた男 ⇨）呼ばれる男に会いました。
[a man / Ace / call] 〔※エース：Ace〕

I met _____ _____ _____ .

(8) 私はポチと名付けられた犬を飼っています。[a dog / name / Pochi]

I have _____ _____ _____ .

(9) ジョンは（ドイツで作られた車 ⇨）ドイツ製の車を買いました。
[a car / in Germany / make] 〔※ドイツ：Germany〕

John bought _____ _____ _____ .

UNIT 17 「〜された」を表す形 ● 過去分詞の形容詞的用法

総合演習問題

Q 05 次のpassageを読み、以下の(1)−(3)の設問にトライしましょう。

Along the time, each culture developed its own language and invented greetings in order to communicate with others. When using body language as greetings, we show others an earnest side of us. Like many say, eyes don't lie; they show exactly how you feel. Body language greetings are like an unspoken language. Handshake is an old gesture ① [use] in many cultures but its meaning remains unchanged. Handshake can tell us the social status of the people involved, from their elbow's position. (A) <u>A strong handshake implies dominance or anger, a trembling handshake with ② [avoid] eye contact means fear or embarrassment, and so on.</u> A good handshake is the start of a good relationship, whether personal or social.

(1) ①−②の [ ] 内の動詞を過去分詞の形にしましょう。

① _____ ② _____

(2) 下線部 (A) を日本語に訳しましょう。

(　　　　　　　　　　　　　　　　　　　　　　　　　　　　　　　　)

(3) 本文の内容に一致するものには T に、一致しないものには F に○をつけましょう。

① ボディー・ランゲージとして、目や視線は話者の気持ちを伝えている。　[T / F]
② 握手は昔とは異なった意義を表している。　[T / F]
③ 良い関係を築くための握手は、個別の場合は効果を発揮しない。　[T / F]

Q 06 次の(1)－(4)の日本文の意に合うように( )内からより適切なものを選び、○で囲みましょう。

(1) 私は東野圭吾によって**書かれた**本を探しています。
I am looking for a book (writing / written) by Keigo Higashino.

(2) ジョンに話している女性は私の母です。
The lady (speaking / spoken) to John is my mother.

(3) 《 諺 》：**溺れる者は藁をも掴む。**〔※ 藁：straw〕
A (drowning / drowned) man will catch at a straw.

(4) 子供たちは焼き芋を作るために落ち葉を集めました。〔※〜を集めた：gathered 〜、焼き芋：baked potatoes〕
The children gathered (falling / fallen) leaves to make baked potatoes.

Q 07 次の(1)－(4)の( )内に入れるのに最も適切なものを(a)－(d)の中から選び、○で囲みましょう。

(1) The (　　　) a letter is Nancy.
(a) writing girl　　(b) girl writing　　(c) written girl　　(d) girl written

(2) (　　　) was returned to me. 〔※ be returned to 〜：〜のところに戻ってくる〕
(a) The stealing car　(b) The car stealing　(c) The stolen car　(d) The car stolen

(3) Look at the (　　　) on the stage.
(a) singing girl　　(b) girl singing　　(c) sung girl　　(d) girl sung

(4) This is the (　　　) in Spain. 〔※ Spain：スペイン〕
(a) taking picture　(b) picture taking　(c) taken picture　(d) picture taken

「～された」を表す形 ● 過去分詞の形容詞的用法　UNIT 17

Q 08 これまでに学習した内容を参考にして、次の(1)－(3)の日本文の意に合う英文を作りましょう。

🔊 Audio 41

(1) 私は英語で書かれた本を探しています。
　　_____

(2) 私は日本製のカメラが欲しいです。〔※カメラ：camera、～が欲しい：want ～〕
　　_____

(3) 私は中古の自転車を買いました。〔※自転車：bicycle〕
　　_____

Q 09 例にならって、「あなたが探しているもの」を尋ねられている場面を想像して、それに対する答えを英語にしてみましょう。当てはまる語が分からない場合は辞書などで調べましょう。

(例) ～語で書かれた本
　　I am looking for a book written in French.

(1) ～(の国)製の車
　　_____

(2) ～によって書かれた本
　　_____

UNIT 18 2つの文を1つにする方法（1）
関係代名詞の主格と目的格

STEP 1

まずは 共通のもの が「人」かつ「主語」になっているパターンをマスターしましょう。

> **ポイント！**
>
> **2つの文を1つにする方法（その1）**
>
> 例　a. I know a man.　　b. He runs in this park every morning.
> 　　　（私は男性を知っています）　　（彼は毎朝この公園で走っています）
>
> ① 2つの文の 共通のもの をさがす。
>   a. I know a man.　　b. He runs in this park every morning.
> 　　　　共通のもの
>   （私は男性を知っています）　　（彼は毎朝この公園で走っています）
>
> ② bの文の 共通のもの が「人」かつ「主語」になっている ➡ who に替える。
>   b. He runs in this park every morning. ➡ who runs in this park every morning
>   　彼は＝人＋主語
>
> ③ aの文の 共通のもの の後ろに②の文を入れて、2つの文を1つにする。
>   ➡ a+b　I know a man who runs in this park every morning.
>   （私は 毎朝この公園で走っている 男性を 知っています）
>
> ● 2つ目の文の 共通のもの が「人以外」かつ「主語」になっている場合は which に替える。
>
>   例　a. He bought a book.　（彼は本を買いました）
>   　　　　　　共通のもの
>   　　b. It was written by Keigo Higashino.　（それは東野圭吾によって書かれました）
>   　　　それは＝人以外＋主語
>
>   ➡ a+b　He bought a book which was written by Keigo Higashino.
>   （彼は 東野圭吾によって書かれた 本を買いました）

Q 01 次の(1)–(3)の2つの文a, bを、2つの文を1つにする方法に従って、それぞれ1つの文にしましょう。

(1)　a. I have a brother.
　　　b. He became a doctor last year.

2つの文を１つにする方法（１） ● 関係代名詞の主格と目的格 UNIT 18

(2) a. I know a building. 〔※ building：建物〕
　　b. It has a big window.

_____

(3) a. A lot of people will come to this concert. 〔※ concert：コンサート〕
　　b. They love rock music. 〔※ rock music：ロック音楽〕

_____

STEP 2

次に 共通のもの が「人」かつ「動詞の直後にある」パターンをマスターしましょう。

ポイント！

２つの文を１つにする方法（その２）

例　a. I know a man.　　b. You saw him here yesterday.
　　（私は男性を知っています）　（あなたは昨日ここで彼を見ました）

① ２つの文の 共通のもの をさがす。

　a. I know a man.　　b. You saw him here yesterday.
　　　　　　　共通のもの
　（私は男性を知っています）　（あなたは昨日ここで彼を見ました）

② bの文の 共通のもの が「人」かつ「動詞の直後にある」 ➡ whom に替える。

　b. You saw him here yesterday. ➡ You saw whom here yesterday
　　　彼を＝ 人 ＋ 動詞の直後

③ ②の手順でできた文中にあるwhomをその文の先頭に移動させる。

　b. You saw whom here yesterday. ➡ whom you saw here yesterday

④ aの文の 共通のもの の後ろに ②の文を入れて、２つの文を１つにする。

　➡ a＋b　I know a man whom you saw here yesterday.
　　　　　（私は あなたが昨日ここで見た 男性を 知っています）

● ２つ目の文の 共通のもの が「人以外」かつ「動詞の直後にある」場合は which に替える。

例　a. He bought a book.　（彼は本を買いました）
　　　　　　共通のもの
　　b. Keigo Higashino wrote it.　（東野圭吾はそれを書きました）
　　　　　それを＝ 人以外 ＋ 動詞の直後

　➡ a＋b　He bought a book which Keigo Higashino wrote.
　　　　　（彼は 東野圭吾が書いた 本を買いました）
　　　※この場合でもwhichは共通のものの直後につける

Q 02 次の(1)−(3)の2つの文a, bを、2つの文を1つにする方法に従って、それぞれ1つの文にしましょう。

(1) a. I know a woman.
　　b. John loves her very much.

_____

(2) a. I read a letter.
　　b. Mary wrote it to me last night.

_____

(3) a. The building looked old.
　　b. We visited it yesterday.

_____

総合演習問題

Q 03 次のpassageを読み、以下の(1)−(3)の設問にトライしましょう。

　　We all encounter[〜に出くわす] problems when trying to remember something, or when learning new things at school. There are lots of people [who / whom / which] have a difficult time in remembering even[〜でさえ] simple things. But why do we forget? Memory is like a muscle. If it doesn't get enough exercise, it will wither[しぼむ;弱まる]. (A) **If you use some simple methods[方法], you can improve[〜を改善する;改良する] your memory and prevent[…が〜するのをさまたげる※] information which you previously stored from fading away[徐々に消えている].** The information needed for our daily life will be permanent[永続的な] in our memory, like[〜のように] our names,
home addresses, how to speak and so on. But, on the other hand, short time information, like things learned at school or recent events, is easy to be
10　replaced by new one. If you keep a clear mind and practice a lot, you will be able to remember more and for a longer[より長い] time.

〔※ prevent…from 〜 ing ：…が〜するのをさまたげる〕

(1) [ ]内の語のうち、最も適切なものを選び○で囲みましょう。

(2) 下線部 (A) を日本語に訳しましょう。

　　（　　　　　　　　　　　　　　　　　　　　　　　　　　　　　　　　　　　　）

(3) 本文の内容に一致するものにはTに、一致しないものにはFに○をつけましょう。

　①筋肉を維持するには運動が必要であるが、記憶を維持するには訓練は必要ない。[T / F]
　②日常生活に不可欠な情報であっても時間が経過すると失われる。　　　　　　 [T / F]
　③短時間で覚えた事柄は新しい事柄に簡単に置き換わる。　　　　　　　　　　 [T / F]

Q 04 次の(1)－(3)の英文を、元の2つの文に分解しましょう。

(1) He knows a girl who went to Australia last year.

　　_____　と　_____

(2) The desk which he bought at that store is very big.

　　_____　と　_____

(3) The boy whom you saw in the library is John.

　　_____　と　_____

Q 05 次の(1)－(4)の英文をそれぞれ日本語に直しましょう。

(1) I have a friend who likes baseball.

　　_____

(2) I bought a bag which was made in Italy.

　　_____

(3) They are the students whom my father taught English last year.

　　_____

(4) The book which I bought yesterday was very expensive. 〔※ expensive：(値段が) 高い〕

　　_____

Q 06 このUnitで学習した内容を参考にして、次の(1)－(3)の日本文の意に合う英文を作りましょう。
　　　　Audio 43

(1) 彼女は日本で作られた車を買いました。

　　_____

(2) 私が昨日見た映画はとてもおもしろかったです。

　　_____

(3) あなたが昨夜見た男の人は私の友達です。

　　_____

2つの文を1つにする方法（1） ● 関係代名詞の主格と目的格　UNIT 18

Q 07 例にならって、それぞれの人についてwhoを使った英文を作りましょう。当てはまる語が分からない場合は辞書などで調べましょう。

（例）**イチロー**　〔※Major Leagues：(アメリカの)メジャー・リーグ〕

　　Ichiro is a baseball player who plays in the Major Leagues.

(1) 夏目漱石（Soseki Natsume）

　　_____

(2) ビル・ゲイツ（Bill Gates）

　　_____

UNIT 19 2つの文を1つにする方法（2）

関係代名詞の所有格と関係代名詞 what

STEP 1

まずは 共通のもの が「人以外」かつ「〜の」になっているパターンをマスターしましょう。

ポイント！

2つの文を1つにする方法（その3）

例　a. This is a man.　　b. His mother is a pianist.
　　　（こちらは男性です）　　（彼の母親はピアニストです）

① 2つの文の 共通のもの をさがす。

　　a. This is a man.　　b. His mother is a pianist.
　　　　　　　　└─共通のもの─┘
　　（こちらは男性です）　　（彼の母親はピアニストです）

② bの文の 共通のもの が「人」かつ「〜の」になっている ➡ whose に替える。

　　b. His mother is a pianist. ➡ whose mother is a pianist
　　　彼の＝人＋〜の

③ aの文の 共通のもの の後ろに②の文を入れて、2つの文を1つにする。

　　➡ a+b　This is a man whose mother is a pianist.
　　（こちらは（その男性の）母親がピアニストである男性です）

● 2つ目の文の 共通のもの が「人以外」かつ「〜の」になっている場合も whose に替える。

例　a. He bought a book.　（彼は本を買いました）
　　　　　　　└共通のもの┘

　　b. Its cover was beautiful.　（それの表紙は美しかったです）
　　　それの＝人以外＋〜の

　　➡ a+b　He bought a book whose cover was beautiful.
　　（彼は（その本の）表紙が美しい本を買いました）

Q 01 次の(1)-(3)の2つの文a, bを2つの文を1つにする方法に従って、それぞれ1つの文にしましょう。

(1)　a. I have a friend.
　　　b. His mother is a famous singer. 〔※ famous：有名な、singer：歌手〕

2つの文を1つにする方法（２）● 関係代名詞の所有格と関係代名詞 what　UNIT 19

(2) a. I have a sister.
　　b. Her hair is brown.〔※ brown：茶色（の）〕

_____

(3) a. The house is my uncle's.〔※ uncle：おじさん〕
　　b. Its roof is red.〔※ roof：屋根〕

_____

STEP 2

次に「〜すること」または「〜するもの」のパターンをマスターしましょう。

ポイント！

the thing(s) which ⇔ what：「〜すること／〜するもの」

例 a. The thing is to become a teacher.　（そのことは先生になることです）
　　b. I hope to do it.　（私はそれをすることを望んでいます ⇨ 私はそれをしたいと望んでいます）

⇨ a+b　The thing which I hope to do is to become a teacher.
　　　　　　　　（私がしたいと望んでいるそのことは先生になることです）
　　　　 ∥
　　　　What I hope to do is to become a teacher.
　　　　　　　　（私がしたいと望んでいることは先生になることです）

a. I don't believe the thing.　（私はそのことを信じません）
b. He said it.　（彼がそれを言いました）

⇨ a+b I don't believe the thing which he said. （私は彼が言ったそのことを信じません）
　　　 I don't believe　　 what　　 he said. （私は彼が言ったことを信じません）

Q 02 次の(1)−(4)の2つの文a, bを2つの文を1つにする方法に従って、それぞれ1つの文にしましょう。また、1つにした文をwhatで書き換えましょう。

(1) a. The thing is to go abroad.
　　b. I want to do it.

　　a, bを1つにした文：_____

　　what を使った文：_____

113

(2) a. The things were very interesting.
　　b. I saw them yesterday.

　　a,bを1つにした文 : _____
　　what を使った文 : _____

(3) a. You know the thing.
　　b. We want to know it.

　　a,bを1つにした文 : _____
　　what を使った文 : _____

(4) a. Look at the thing.
　　b. You got it yesterday.

　　a,bを1つにした文 : _____
　　what を使った文 : _____

総合演習問題

Q 03 次のpassageを読み、以下の(1)－(3)の設問にトライしましょう。

　　　It is not easy to define the term of "best friends." In our lives, we all encounter people [who / whose / whom / which] existence will make a strong impression on us. Being a best friend means commitment, respects and sincerity towards that person. For example, what you tell each other will
5 remain a secret, and even when you are in trouble or need help, he/she will always be there for you. (A) A best friend is the first person that you run to when in trouble or the one that you go to when something good happened. Unfortunately, human interactions are sometimes complicated and, even between best friends, fights will appear or in some cases friendships fall apart.
10 When we find our own best friend, we should hold on to him/her because such a person is a special and irreplaceable existence in our life.

(1) [　]内の語のうち、最も適切なものを選び○で囲みましょう。

(2) 下線部 (A) を日本語に訳しましょう。

　　(　　　　　　　　　　　　　　　　　　　　　　　　　　　　　　　　　　　　)

(3) 本文の内容に一致するものにはTに、一致しないものにはFに○をつけましょう。

　① ベスト・フレンドであるには、相手への尊敬は必要であるが誠実さは求められない。[T / F]
　② ベスト・フレンドであることは、ケンカなどとは無関係である。　　　　　　　　[T / F]
　③ ベスト・フレンドはかけがえのない存在であり、手放してはいけない。　　　　　[T / F]

Q 04 次の(1)−(4)の英文を、元の2つの文に分解しましょう。

(1) I have a friend whose hope is to become a doctor.

　　_____ と _____

(2) I bought a desk whose legs are blue. 〔※ leg：足；脚〕

　　_____ と _____

(3) What I like to do is to talk with my friends.

　　_____ と _____

(4) What I want to do is to study abroad.

　　_____ と _____

Q 05 次の(1)−(5)の文の( )内に入る最も適切な語句を who, which, whom, whose, what の中から選びましょう。

(1) This is a doctor (　　　　) lives near here.

(2) The train (　　　　) I get on is always very crowded.
　　〔※ get on 〜：〜に乗る，crowded：混んでいる〕

(3) That girl (　　　　) shoes are red is my sister.

(4) I can't understand (　　　　) he said.

(5) This is a student (　　　　) I met in the library yesterday.

2つの文を1つにする方法（2） ● 関係代名詞の所有格と関係代名詞what　UNIT 19

Q 06 これまでに学習した内容を参考にして、次の(1)－(3)の日本文の意に合う英文を作りましょう。

(1) 帽子が緑色の男の子は私の息子です。〔※帽子：cap, 緑色（の）：green, 息子：son〕

_____

(2) 私がしたいと望んでいることはスペイン語を勉強することです。

_____

(3) 私が彼に見せたものはこの写真です。

_____

Q 07 例にならって、それぞれの事柄について what を使った英文を作りましょう。当てはまる語が分からない場合は辞書などで調べましょう。

（例）あなたがしたいと思っていること
　　　What I want to do is to work here.

(1) あなたが昨夜買いたいと思っていたもの

_____

(2) あなたがすることが好きなこと

_____

UNIT 20 2つのものをつないでみよう

接続詞

STEP 1

まずは「2つのものをつなぐ」基本的な表現をマスターしましょう。

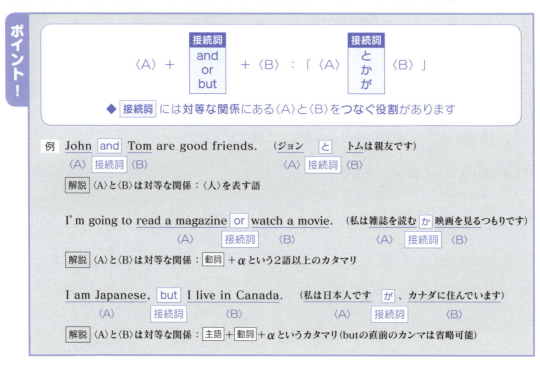

Q 01 次の(1)-(4)の日本文の意に合うように、下線部に[ ]の中の語句を入れ、英文を作りましょう。なお、文頭に来る語句も小文字にしてあります。

(1) 私たちは来年ドイツとフランスを訪れたいです。
　　[and / France / Germany]〔※フランス：France〕

　　We want to visit ＿＿＿＿＿ ＿＿＿＿＿ ＿＿＿＿＿ ＿＿ next year.

(2) 私は宿題をするか本を読むつもりです。[a book / do / my homework / or / read]

　　I will ＿＿＿＿ ＿＿＿＿ ＿＿＿＿ ＿＿＿＿ ＿＿＿＿ .

(3) 私の母親は60歳ですが，とても若々しく見えます。
　　[but / is / looks / my mother / she / very youthful / 60 years old]〔※若々しい：youthful〕

　　＿＿＿＿＿＿＿＿＿＿＿＿＿＿＿＿＿＿＿＿＿＿＿＿＿ .

(4) 私は映画を見ることと音楽を聞くことが好きです。
[and / listening to / movies / music / watching]

I like ___ ___ ___ ___ ___ .

3つ以上のものをつなぐ場合には注意が必要です。

He went to London, Paris, and Berlin.
　　　　　　〈A〉　　〈B〉　接続詞　〈C〉

(彼はロンドン、パリ そして ベルリンに行きました)
　　　　〈A〉　　〈B〉 接続詞　〈C〉

◆ 最後の〈C〉の直前にandを置き、残りの〈A〉と〈B〉の間にはカンマを置きます！
◆ and の直前のカンマは省略可能です：〈A〉, 〈B〉 and 〈C〉

STEP 2

次に「2つのものをつなぐ」別の表現をマスターしましょう。

| 接続詞 When / Because | +〈主語〉+〈動詞〉, 主語 + 動詞：「〈主語〉{は/が} ～する | 接続詞 ときに/ので、主語{は/が} ～する」 |

◆ 2つのカタマリを意識しよう：① 接続詞 +〈主語〉+〈動詞〉　② 主語 + 動詞
◆ ①と②の間にカンマを置こう！　ただし、② ⇨ ①の順に表現する場合にはカンマは不要！

例　When my father called me , I was in my room. （父が私を呼んだ とき、私は自分の部屋にいました）
　　接続詞　〈主語〉+〈動詞〉　主語 + 動詞　　　　　　　　　　　　　　　接続詞

⇔　I was in my room when my father called me .
　　主語 + 動詞　　　接続詞　〈主語〉+〈動詞〉

Because she is honest , she is loved by everyone. （彼女は正直 なので、みんなに愛されています）
接続詞〈主語〉+〈動詞〉　主語 + 動詞　　　　　　　　　　　　　　　接続詞

⇔　She is loved by everyone because she is honest .
　　主語 + 動詞　　　　　　　　接続詞　〈主語〉+〈動詞〉

Q 02 次の(1)−(5)の日本文の意に合うように、下線部に[　]の中の語句を入れ、英文を作りましょう。なお、文頭に来る語句も小文字にしてあります。

(1) 私が彼女に電話をかけたとき、彼女は寝ていました。[called / her / I / when]

　_____ _____ _____ _____ , she was sleeping.

(2) 私たちは勉強しなければならないので、パーティーに行くことはできません。
[because / have to / we / study]

　_____ _____ _____ _____ , we can't go to the party.

(3) 父が死んだとき、私は10歳でした。[died / my father / when]〔※死ぬ：die〕

　I was ten years old _____ _____ _____ .

(4) 私はとても疲れていたので、早く寝ました。
[because / I / very tired / was]〔※疲れている：tired、早く：early、寝る：go to bed〕

　I went to bed early _____ _____ _____ _____ .

(5) 彼らはヨーロッパを訪れたとき、写真をたくさん撮りました。
[Europe / they / visited / when]〔※ヨーロッパ：Europe〕

　_____ _____ _____ _____ , they took a lot of pictures.

---

thatにも2つのものをつなぐ役割があります。

　　I　think　that　he　is　honest.
　主語 ＋ 動詞　接続詞 〈主語〉＋〈動詞〉

　（彼は　正直だ　と　私は思っています）

◆ 動詞 にはthinkの他に believe, know, say などがよく使われます。
◆ that ＋〈主語〉＋〈動詞〉を1つのカタマリと考えます（thatは省略してもよいです）。

STEP 3
総合演習問題

Q 03 次のpassageを読み、以下の(1)−(3)の設問にトライしましょう。

🔊 Audio 45

　The World Cup is an international association football competition held every 4 years. Football, or soccer, what the Americans call it, is viewed and followed by many people, and holds the first rank among the sports competition events. When the competition starts, every supporter is emotionally implicated, and cheers for his/her favorite team, whether winning or losing. [And / But / Because] 32 national teams compete against each other, it is like a battle between countries. As one of the unpredictable sports, Football/Soccer offers a lot of excitement to the viewers as well as to the players. (A) <u>Each one of the players has the chance to score a goal and lead their team to the victory</u>. As an exciting development of this sport, in recent years Women Football/Soccer competitions have also become popular, and gather more and more fans.

(1) [　]内の語のうち、最も適切なものを選び○で囲みましょう。

(2) 下線部(A)を日本語に訳しましょう。

　　(　　　　　　　　　　　　　　　　　　　　　　　　　　　　　　　　　)

(3) 本文の内容に一致するものにはTに、一致しないものにはFに○をつけましょう。

　　① ワールドカップが始まると、サポーターは冷静に試合を観ることができない。［ T / F ］
　　② サッカーは多くの興奮を観衆にだけ与えている。　　　　　　　　　　　　　［ T / F ］
　　③ 女子のサッカー競技会も、近年は多くのファンを集めている。　　　　　　　［ T / F ］

Q 04 次の(1)-(5)の英文を作るのに、最も適切なものを(　)の中から選び、○で囲みましょう。

(1) (And / Or / When) I was a child, I didn't like dogs.
(2) I have to study English (and / because / but) mathematics tonight.
(3) He came home early (because / or / that) he was sick.
(4) I went to England, (but / or / that) I didn't go to Liverpool.
(5) You can call me (because / or / when) send me an e-mail.

Q 05 次の(1)-(8)の日本文の意に合う英文を作りましょう。

(1) 私たちは去年カナダとニュージーランドを訪れました。
　　〔※去年：last year、ニュージーランド：New Zealand〕

_____

(2) 彼女は70歳ですが、毎朝その公園で走っています。

_____

(3) 私はこの本を読むかこのレポートを仕上げたいです。

_____

(4) 私が彼女に電話をかけたとき、彼女は勉強していました。

_____

(5) 私は宿題をしなければならないので、外出することはできません。　〔※外出する：go out〕

_____

UNIT 20 ２つのものをつないでみよう ● 接続詞

(6) 彼女は賢い学生だと私たちは思っています。 〔※賢い：smart〕

_____

(7) 彼は英語、ロシア語そしてフランス語を話すことができます。
    〔※ロシア語：Russian〕

_____

(8) この本は難しいですが、私はいつか読むつもりです。〔※いつか：someday〕

_____

Q 06 例にならって and や when を使い、(1)-(2)について、自分自身に当てはめて英文を作りましょう。当てはまる語が分からない場合は辞書などで調べましょう。

(例) 将来やってみたい３つのこと ［ and ］
    I want to ride a horse, visit France, and write a novel in the future.

(例) どんなときにおどろいたのか ［ when ］
    I was surprised when I saw my friend on TV.

(1) 将来やってみたい３つのこと ［ and ］

_____

(2) どんなときにおどろいたのか ［ when ］

_____

UNIT 21 疑問文を作る方法と疑問文を別の文の一部にする方法

疑問詞疑問文と間接疑問文

STEP 1

まずは「人」や「もの」についてたずねる文を作るパターンをマスターしましょう。

ポイント！

【「人」が「だれか」をたずねる方法】

① 「分からない人」の部分を who（だれ）に替える。
　例　He loves ☐ . ➡ He loves who .
　　　　　　分からない人

② who を文の先頭に移動させる。
　例　☐ He loves who. ➡ Who he loves.

③ who の後ろを疑問文の語順にする。　※「疑問文の語順」についてはUnit 1, 5, 6, 7, 8, 9を参考にすること
　例　Who he loves. ➡ Who does he love ?（彼はだれを愛していますか）

「もの」が「何か」をたずねる場合は「分からないもの」の部分を what（何）に替える。
　例　He bought ☐ .
　　　　　　　　分からないもの

① 分からないものを what（何）に替える　　：　He bought what .
② what を文頭に移動させる　　　　　　　　：　What he bought.
③ what の後ろを疑問文の語順にする　　　　：　What did he buy ?（彼は何を買いましたか）

Q 01 下の ☐ 内の表現を参考にして、次の(1)−(5)の下線部をたずねる文を作りましょう。

【 たずねるときに使う who / what 以外の表現 】
where（どこ）　when（いつ）　why（なぜ）　how（どうやって・どのくらい）　etc.

(1) He likes <u>soccer</u>.

　_____

(2) She is <u>Mary</u>.

　_____

124

(3) They will come here tomorrow.

_____

(4) John and Nancy came to Japan yesterday.

_____

(5) They go to school by bus.

_____

STEP 2

次に疑問文が別の文の一部になるパターンをマスターしましょう。

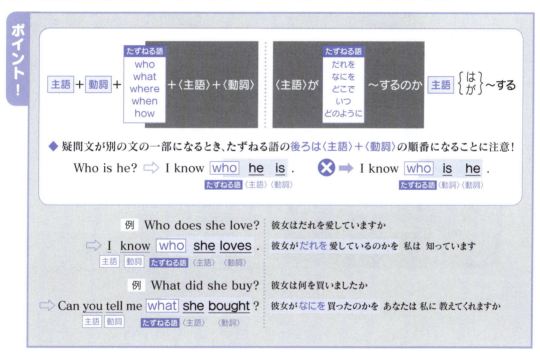

Q 02 例にならって、次の(1)-(4)の英文を[ ]内の表現に続けて書き入れ、正しい英文を完成させましょう。

🔊 Audio 46

(例) What did you eat? [I knowに続けて] ⇒ I know what you ate.

(1) What will you buy at this store? [I know に続けて]

_____

(2) Where does John live?　［I know に続けて］

_____

(3) When will you come here tomorrow?　［Can you tell me に続けて］

_____

(4) What can I do now?　［Can you tell me に続けて］

_____

「to＋動詞の原形」を使って表せる場合もあります。

I know **how I use the computer**.
(どうやってそのコンピュータを使うのか、私は知っています)
⇩
I know **how to use the computer**.
(どうやって(これから)そのコンピュータを使うべきか、私は知っています)
⇩
(そのコンピュータの使い方を、私は知っています)

「to＋動詞の原形」を使うとき、
to の後ろにある動詞が表す動作をするのは
その文全体の主語になります！

◆その他にも次のような表現があります！
　　what to ～　　（何を～するべきか）
　　where to ～　　（どこで[に/へ]～するべきか）
　　when to ～　　（いつ～するべきか）etc.

総合演習問題

Q 03 次のpassageを読み、以下の(1)-(3)の設問にトライしましょう。

What do you do in your free time? Have fun with your friends or stay alone at home? Most teenagers these days prefer to go shopping at the mall. [How / What / When / Why] they go to the mall, it feels like an adventure and they have lots of fun. It is not about buying the actual things but is about looking around, trying on outfits and changing impressions with their friends. (A) **They know what the other likes, so going shopping together is more fun for them.** Because of the generation gap, some adults cannot understand teenagers' way of having fun and criticize them. Whether or not it is the right way to spend the free time, such thing is up to the people themselves. That is why we need to put aside our prejudice and accept every generation's way of thinking and behaving.

(1) [　]内の語のうち、最も適切なものを選び○で囲みましょう。

(2) 下線部(A)を日本語に訳しましょう。

   (　　　　　　　　　　　　　　　　　　　　　　　　　　　　　　　　　)

(3) 本文の内容に一致するものにはTに、一致しないものにはFに○をつけましょう。

   ① 10代の人たちがショッピング・モールに行くのは、買い物をするときに限られる。［T / F］
   ② 年上の人たちは10代の人たちの考え方をよく理解している。　　　　　　　　［T / F］
   ③ ジェネレーション・ギャップを超えて相手を理解するには先入観を捨てる必要がある。［T / F］

Q 04 次の(1)－(4)の日本文の意に合う英文を作りましょう。

(1) あの女の子はだれですか。

   _____

(2) メアリーはどこに住んでいますか。

   _____

(3) 彼女はいつここに来ますか。

   _____

(4) 彼は昨日どうやって学校に行きましたか。

   _____

Q 05 次の(1)－(3)の日本文の意に合うように、[　]内の語を並べ替えて、英文を完成させましょう。ただし、[　]内には不要な語が一語含まれています。　　🔊 Audio 48

(1) 私は彼らがどうやってここに来たのかを知っています。
   [came / did / here / how / know / they]

   I _____ .

(2) どこで彼を見たのかを私に教えてもらえますか。[did / him / saw / tell me / where / you]

   Can you _____ ?

(3) いつ日本に行くのかを私に教えてもらえますか。[you / go to / Japan / tell me / to / when]

   Can you _____ ?

疑問文を作る方法と疑問文を別の文の一部にする方法 ● 疑問詞疑問文と間接疑問文　UNIT 21

Q 06 このUnitで学習した内容を参考にして、次の(1)−(3)の日本文の意に合う英文を作りましょう。

(1) あなたは昨日だれを見ましたか。

_____

(2) あなたが昨日だれを見たのか私たちは知りません。

_____

(3) あなたが昨日だれを見たのか教えてもらえますか。

_____

Q 07 3人組になって、それぞれの人の尊敬している人とその理由をたずねてみましょう。そのとき、1人目の人には例1の表現を、2人目の人には例2の表現を使ってたずねてみましょう。

(例1) Who do you respect and why?　(例2) Can you tell me who you respect and why?

(答え方) I respect Ichiro because he plays baseball very well._____

(1人目) _____

(2人目) _____

129

UNIT 22 「現実離れしたこと」を表す形

仮定法

STEP 1

まずは「現実離れしたこと」を表す基本的な表現をマスターしましょう。

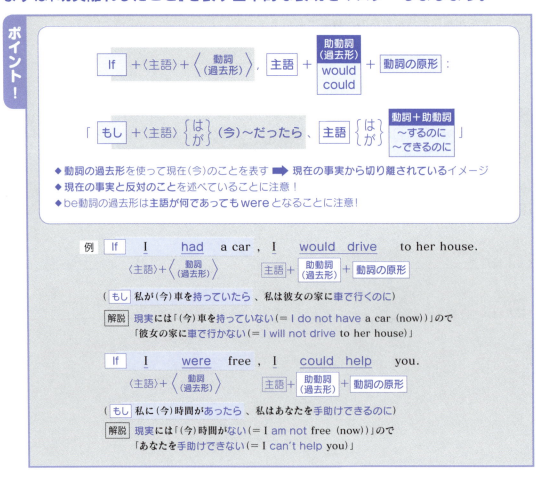

ポイント！

If + 〈主語〉 + 〈動詞（過去形）〉, 主語 + 助動詞（過去形） would / could + 動詞の原形：

「もし + 〈主語〉 {は/が} （今）〜だったら、主語 {は/が} 動詞＋助動詞 〜するのに／〜できるのに」

◆ 動詞の過去形を使って現在（今）のことを表す ➡ 現在の事実から切り離されているイメージ
◆ 現在の事実と反対のことを述べていることに注意！
◆ be動詞の過去形は主語が何であってもwereとなることに注意！

例 If I had a car, I would drive to her house.
〈主語〉+〈動詞（過去形）〉 主語 + 助動詞（過去形）+ 動詞の原形

（もし 私が（今）車を持っていたら、私は彼女の家に車で行くのに）
解説 現実には「（今）車を持っていない（= I do not have a car (now)）」ので
「彼女の家に車で行かない（= I will not drive to her house）」

If I were free, I could help you.
〈主語〉+〈動詞（過去形）〉 主語 + 助動詞（過去形）+ 動詞の原形

（もし 私に（今）時間があったら、私はあなたを手助けできるのに）
解説 現実には「（今）時間がない（= I am not free (now)）」ので
「あなたを手助けできない（= I can't help you）」

Q 01 次の(1)−(3)の日本文の意に合うように、下線部に［ ］の中の語句を入れ、英文を作りましょう。なお、文頭に来る語句も小文字にしてあります。

(1) もし私が辞書を持っていたら、あなたに貸してあげるのに。
　　［ a dictionary / had / I / if ］

　　_____ _____ _____ _____ , I would lend it to you.

「現実離れしたこと」を表す形 ● 仮定法　UNIT 22

(2) もし私がお金持ちだったら、スポーツカーを買うことができるのに。
　　［ I / if / rich / were ］〔※お金持ちの：rich〕

　　_____ _____ _____ _____ , I could buy a sports car.

(3) もし私が彼の電話番号を知っていたら、彼に電話するのに。
　　［ call / him / I / would ］〔※電話番号：phone number〕

　　If I knew his phone number, _____ _____ _____ _____ .

「if＋〈主語〉＋〈動詞（過去形）〉」を文全体の後半に置いて書き換えることもできます。

I would drive to her house if I had a car.
主語 ＋ 助動詞（過去形） ＋ 動詞の原形　　〈主語〉＋〈動詞（過去形）〉

STEP 2

次に「現実離れしたこと」を表す別の表現をマスターしましょう。

ポイント！

If ＋〈主語〉＋had＋〈過去分詞〉, 主語 ＋ 助動詞（過去形） would / could ＋ have ＋ 過去分詞 :

「もし ＋〈主語〉{は/が}（その時）〜だったら、主語{は/が} 動詞＋助動詞 〜したのに／〜できたのに 」

- had＋過去分詞は過去よりも時間的に前のことを表す
- had＋過去分詞を使って過去（その時）のことを表す ➡ 過去の事実から切り離されているイメージ
- 過去の事実と反対のことを述べていることに注意！
- beenはbe動詞の過去分詞の形で、現在形や過去形と違ってこの形しかないことに注意！

例　If I had been free , I could have helped you.
　　　〈主語〉＋ had＋〈過去分詞〉　　主語＋助動詞（過去形）＋have＋過去分詞

（もし私に（その時）時間があったら、あなたを手助けすることができたのに）

解説　現実には「私に（その時）時間がなかった（＝I was not free (then)）」ので
　　　「あなたを手助けすることができなかった（＝I could not help you）」

131

Q 02 次の (1)-(4) の日本文の意に合うように、下線部に [ ] の中の語句を入れ、英文を作りましょう。なお、文頭に来る語句も小文字にしてあります。

(1) **もし私が辞書を持っていたら、あなたに貸してあげたのに。**
[a dictionary / had / had / I / if]

_____ _____ _____ _____ _____ ,

I would have lent it to you.

(2) **もし私がお金持ちだったら、スポーツカーを買うことができたのに。**
[been / had / I / if / rich]

_____ _____ _____ _____ _____ ,

I could have bought a sports car.

(3) **もし私が彼の電話番号を知っていたら、彼に電話したのに。**
[called / have / him / I / would]

If I had known his phone number,

_____ _____ _____ _____ _____ .

(4) **もし私が鳥だったら、あなたのところに飛んで行けたのに。**
[could / flown / have / I / to / you] 〔※〜に飛んで行く：fly to 〜〕

If I had been a bird,

_____ _____ _____ _____ _____ .

---

ifには「(将来に)現実に起こりそうなこと」を表す役割もあります。

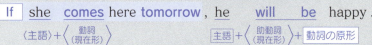

If she comes here tomorrow, he will be happy.
〈主語〉+〈動詞（現在形）〉　　　　　　主語 +〈助動詞（現在形）〉+ 動詞の原形

(もし 明日彼女がここに来れば、彼は喜ぶでしょう)

◆ 未来のことを述べる場合でも〈動詞〉は現在形を使います！

UNIT 22 「現実離れしたこと」を表す形 ● 仮定法

総合演習問題

Q 03 次のpassageを読み、以下の(1)−(3)の設問にトライしましょう。

Was there ever a situation that made you think that, if you [was / were / had been] Spiderman, you could have stopped the crime happening in front of you? Comic-book superheroes do that every time. They fight against the villains and save the world, by making use of super powers or super senses. Comic-book heroes are popular among all generations, from young to adult. Reading their stories puts you in a parallel universe where you can be anyone you want. (A) **Comic books let your imagination run wild and make you think that, if you had powers, you would save the world, too.** Superhero stories keep you on the edge every time, and give you thrilling experiences with every story. If you could choose, what superhero would you want to be?

〔※let…動詞の原形：…を〜させる、※※keep you on the edge：あなたを[you]（落ちるか落ちないかぎりぎりの）一番端の上に[on the edge] 置いておく[keep] ⇨ あなたを今にも死にそうな状態にしておく ⇨ あなたをハラハラさせる〕

(1) [　]内の語句のうち、最も適切なものを選び○で囲みましょう。

(2) 下線部 (A) を日本語に訳しましょう。

　　　(　　　　　　　　　　　　　　　　　　　　　　　　　　　　　　　)

(3) 本文の内容に一致するものにはTに、一致しないものにはFに○をつけましょう。

　　① コミックのスーパーヒーローは、一般人と同じ力でありながら、世界を救う。[T / F]
　　② コミックを読むことで、自分がなりたいものになれるような異世界を体感できる。[T / F]
　　③ スーパーヒーローの物語は、毎回、必ずしもスリルを味わえるというわけではない。[T / F]

Q 04 例にならって、次の(1)－(4)の下線部について現実の内容を表す英文を作りましょう。

(例) If I had money, I would buy a car.　　　　　　I do not have money.

(例) If I had had money, I would have bought a car.　　　I did not have money.

(1) If I had a car, I would pick her up.　　　　＿＿＿＿＿＿＿＿＿＿＿＿＿＿＿＿＿

(2) If I were a bird, I could fly to her.　　　　＿＿＿＿＿＿＿＿＿＿＿＿＿＿＿＿＿

(3) If I had known his phone number, I would have called him.

　　　　　　　　　　　　　　　　　　　　　　　＿＿＿＿＿＿＿＿＿＿＿＿＿＿＿＿＿

(4) If I had been a superhero, I could have flown to you.

　　　　　　　　　　　　　　　　　　　　　　　＿＿＿＿＿＿＿＿＿＿＿＿＿＿＿＿＿

Q 05 次の(1)－(7)の日本文の意に合うように英文を作りましょう。

(1) もし私が大金を持っていたら、車を二台買うことができるのに。〔※大金：a lot of money〕

＿＿＿

(2) もし私に時間があったら、海外へ行くのに。

＿＿＿

(3) もし私があなただったら、すぐに彼女に電話をかけるのに。〔※すぐに：soon〕

＿＿＿

「現実離れしたこと」を表す形 ● 仮定法　UNIT 22

(4) もし私がその本を読み終えていたら、あなたにそれを貸すことができたのに。

_____

(5) もし私が車を持っていたら、私たちは車でそのレストランに行ったのに。

_____

(6) もし彼が熱心に勉強していたら、その試験に合格することができたのに。
〔※熱心に：hard、試験に合格する：pass an exam〕

_____

(7) もし明日彼が彼女の誕生日パーティーに来れば、彼女は喜ぶだろう。
〔※誕生日パーティー：birthday party〕

_____

Q 06 例にならって、(1)－(2)の状況でどうするのかを、自分自身に当てはめて考え英文を作りましょう。当てはまる語が分からない場合は辞書などで調べましょう。

(例) If I had one million yen,〔※one million yen：100万円〕
　　I would buy a car_____.

(例) If I had the power to travel through time,〔※travel through time：(過去や未来へ)タイムトラベルをする〕
　　I would go to __the future__ because _____I want to see my future wife_____.

(1) If I had ten thousand dollars,〔※ten thousand dollars：1万ドル〕

　　_____.

(2) If I had the power to travel through time,

　　I would go to _____ because _____.

UNIT 23 「2つのもの」を比べる表現

原級と比較級

STEP 1

まずは「AはBと同じくらい〜だ」のパターンをマスターしましょう。

> **ポイント!**
>
> A + be動詞 + as 〜 as + B : 「AはBと同じくらい〜だ」
>
> ◆ "many+Xs"(たくさんのX)をこのパターンにすると、"as many Xs as"(同じくらいたくさんのX)の形になる。
> I have as many books as Mary. (私はメアリーと同じくらいたくさんの本を持っています)
>
> ◆ fast(速く)のように、動詞を説明する語なども同じように扱うことができる。
> John can run as fast as Tom. (ジョンはトムと同じくらい速く走ることができます)

例 John is as tall as Tom.　　　　　　　　(ジョンはトムと同じくらい背が高いです)
　　　　　 as 〜 as　　　　　　　　　　　　　　　　と同じくらい〜だ

　　This problem is as difficult as that one.　(この問題はあの問題と同じくらい難しいです)
　　　　　　　　　　 as 〜 as　　　　　　　　　　　　　　　　　と同じくらい〜だ

※that one:本来は、This problem is as difficult as that problem. であるが、problemはすでに出てきているので、重複を避けるために、that problem ⇨ that oneとなった。

Q 01 次の(1)−(4)の単語の意味を辞書で調べて、当てはまるものを下の枠内から選び、( )に書きましょう。

(1) old　　　(　　　　　　　)　　(3) important　(　　　　　　　)

(2) expensive (　　　　　　　)　　(4) interesting (　　　　　　　)

　　　　　古い　重要な　(値段が)高い　おもしろい/興味深い

Q 02 次の(1)−(5)の日本文の意に合うように、下線部に適切な語を入れましょう。

(1) この本はあの本と同じくらい古いです。

　　This book is _____ _____ _____ that one.

(2) この時計はあの時計と同じくらい(値段が)高いです。

　　This watch is _____ _____ _____ that one.

「2つのもの」を比べる表現 ● 原級と比較級 UNIT 23

(3) このテストはあのテストと同じくらい重要です。

This test is _____ _____ _____ that one.

(4) この映画はあの映画と同じくらいおもしろいです。

This movie is _____ _____ _____ that one.

(5) メアリーにはジョンと同じくらいたくさんの友達がいます。

Mary has _____ _____ _____ _____ John.

> 否定文にすると「AはBほど〜ではない」という意味になります。

John is not [isn't] as tall as Bob.
(ジョンはボブほど背が高くはありません)

This problem is not [isn't] as difficult as that one.
(この問題はあの問題ほど難しくありません)

STEP 2

次に「AはBよりもより〜だ」のパターンをマスターしましょう。

ポイント！

A ＋ be動詞 ＋ { 〜＋-er / more＋〜 } than ＋ B：「AはBよりもより〜だ」

◆ 短い語は[〜＋-er]、長い語は[more＋〜]の形になることが多い。

◆ "many+Xs"(たくさんのX)をこのパターンにすると、"more Xs than"(よりもよりたくさんのX)の形になる。
　I have more books than Mary. （私はメアリーよりもよりたくさんの本を持っています）

◆ fast (速く)のように、動詞を説明する語なども同じように扱うことができる。
　John can run faster than Tom. （ジョンはトムよりもより速く走ることができます）

例　John is taller than Mary.　　　　　　　　　　（ジョンはメアリーよりもより背が高いです）
　　　　〜＋-er than　　　　　　　　　　　　　　　　よりもより〜だ

　　This problem is more difficult than that one.　（この問題はあの問題よりもより難しいです）
　　　　　　　　　　more＋〜than　　　　　　　　　　　　　　　　よりもより〜だ

Q 03 次の(1)−(4)の単語の「より〜」を表す形を辞書で調べて書きましょう。

(1) old _____　　(3) important _____

(2) expensive _____　　(4) interesting _____

Q 04 次の(1)−(5)の日本文の意に合うように、下線部に適切な語句を入れましょう。

(1) この本はあの本よりもより古いです。

　　　This book is _____ _____ that one.

(2) この腕時計はあの腕時計よりもより(値段が)高いです。

　　　This watch is _____ _____ _____ that one.

(3) このテストはあのテストよりもより重要です。

　　　This test is _____ _____ _____ that one.

(4) この映画はあの映画よりもよりおもしろいです。

　　　This movie is _____ _____ _____ that one.

(5) メアリーにはジョンよりもよりたくさんの友達がいます。

　　　Mary has _____ _____ _____ John.

否定文になると「AはBよりもより〜ではない」という意味になります。

John is not [isn't] taller than Bob.
(ジョンはボブよりもより背が高くはありません)

This problem is not [isn't] more difficult than that one.
(この問題はあの問題よりもより難しくありません)

STEP 3 総合演習問題

Q 05 次のpassageを読み、以下の(1)−(3)の設問にトライしましょう。

🔊 Audio 50

　The Brazilian Carnival is an important festive holiday that typically involves a parade, some circus elements, as many flashy costumes as possible and a lot of wild street parties. In the past, it was a celebration enjoyed by the working people, who used to dress in costumes with the purpose to mock the rich people's behavior and tastes. Now the festival has become [international] than any other local one, and people all over the world are taking part in it. (A) **Full of excitement, even the visitors dance and sing as much as the locals, following the rhythm of the parade.** The highlight of the Carnival is the samba competition, held between the top samba schools in the city. If you ever get the chance to travel to Brazil, don't miss this amazing experience, the carnival!

〔※ as many 〜 as possible：できるだけ多くの〜〕

(1) [ ] 内の語を「より〜だ」の形にしましょう。

_____

(2) 下線部 (A) を日本語に訳しましょう。

(　　　　　　　　　　　　　　　　　　　　　　　　　　　　　　)

(3) 本文の内容に一致するものにはTに、一致しないものにはFに○をつけましょう。

① "Brazilian Carnival" が催されるとき、路上では静かな食事会が開かれる。[T / F]
② "Brazilian Carnival" は、過去も現在も同じ趣旨で行われている。　　　　[T / F]
③ "Brazilian Carnival" のハイライトは、社会人チームどうしによる競技会である。[T / F]

Q 06　次の(a)−(c)の英文を読んで、「John」、「Mary」、「Tom」、「Ann」の4人を 背が低い 方から 背が高い 方へ順に並べましょう。

(a) John is taller than Tom.
(b) Ann is not taller than Mary.
(c) Mary is not as tall as Tom.

背が低い _____ ⇨ _____ ⇨ _____ ⇨ _____ 背が高い

Q 07　次の(1)−(5)の日本文の意に合う英文を作りましょう。　　　　　　　Audio 51

(1) この時計はあの時計よりもより古いです。

_____

(2) この本はあの本と同じくらいおもしろいです。

_____

(3) この問題はあの問題よりもより重要です。

_____

(4) この映画はあの映画ほど古くはありません。

_____

(5) この車はあの車よりも高価ではありません。

_____

「2つのもの」を比べる表現 ● 原級と比較級 UNIT 23

Q 08 次の（1）-（3）について、a.-b. の文を参考にして、2つのものを比べた英文を作りましょう。

(1) a. 東京タワー（Tokyo Tower）：333m
    b. エッフェル塔（the Eiffel Tower）：324m

_____

(2) a. この本：2800円
    b. あの本：980円

_____

(3) a. この車：1970年製造
    b. あの車：1970年製造

_____

Q 09 例にならって、「あなたとあなたの友達」とを比べた場面を想像して、それに関する文を英語にしましょう。当てはまる語が分からない場合は辞書などで調べましょう。

(例) 体重
　　I am heavier than Hiromichi.

(1) 身長

_____

(2) 年齢

_____

141

UNIT 24 「順位」を表す表現

最上級

STEP 1

まずは「Aは…の中で一番～だ」のパターンをマスターしましょう。

ポイント！

A ＋ be動詞 ＋ { the ～＋-est / the most ～ } ＋ { in / of } ：「Aは…の中で1番～だ」

◆「より～」を表す形が[～＋-er]の語は[the ～＋-est]の形に、
　[more＋～]の語は[the most＋～]の形になる。
◆「…の中で」というときには、「範囲」を表す場合はin、「数量」を表す場合はofを使う。
◆ "many+Xs"（たくさんのX）をこのパターンにすると、
　"the most Xs in [of]"（の中で1番たくさんのX）の形になる。
　I have the most books in our class.（私は私のクラスの中で1番たくさんの本を持っています）

例　John is the tallest in my class. （ジョンは私のクラス の中で　1番背が高いです）
　　　　　the ～ -est　　in　　　　　　　　　　　　　　…の中で　　1番～だ

　　This problem is the most difficult of all. （この問題は全部 の中で　1番難しいです）
　　　　　　　　　　the most ～　　　of　　　　　　　　　…の中で　　1番～だ

Q 01 次の(1)−(4)の単語の「1番～」の形を辞書で調べて書きましょう。ただし、theを入れる必要はありません。

(1) old ＿＿＿＿＿＿＿＿＿＿＿＿＿　(3) important ＿＿＿＿＿＿ ＿＿＿＿＿＿

(2) expensive ＿＿＿＿＿ ＿＿＿＿＿　(4) interesting ＿＿＿＿＿ ＿＿＿＿＿

Q 02 次の(1)−(5)の日本文の意に合うように、下線部に適切な語を入れましょう。

(1) この本は日本で1番古いです。

　　This book is ＿＿＿＿＿＿＿＿＿ ＿＿＿＿＿＿＿＿＿ in Japan.

(2) この時計はこの店で1番(値段が)高いです。

　　This watch is ＿＿＿＿＿＿ ＿＿＿＿＿＿ ＿＿＿＿＿＿ in this store.

142

(3) このテストは全部の中で 1 番重要です。

This test is ＿＿＿＿＿＿＿ ＿＿＿＿＿＿＿ ＿＿＿＿＿＿＿ of all.

(4) この映画は 5 本の中で 1 番おもしろいです。

This movie is ＿＿＿＿＿＿＿ ＿＿＿＿＿＿＿ ＿＿＿＿＿＿＿ of the five.

(5) メアリーはこの学校の中で 1 番たくさんの友達がいます。〔※友達：friend〕

Mary has ＿＿＿＿＿＿＿ ＿＿＿＿＿＿＿ ＿＿＿＿＿＿＿ in this school.

> fast（速く）のように、動詞を説明する語などを使うときは the をつけてはいけません。

✗ John runs the fastest in my class.
⇒ ◉ John runs fastest in my class.
（ジョンは私のクラスで1番早く走ります）

STEP 2

次に「Aは…の中で 2 番目に〜だ」のパターンをマスターしましょう。

ポイント！

A＋be動詞＋the second { 〜＋-est / most 〜 } ＋ { in / of } ：「Aは…の中で2番目〜だ」

◆ 2番目の場合はsecondを、3番目の場合はthirdを用いるように、順位を表すには「〜番目」を表す語を用いる。

例 Jack is the second tallest in my class.（ジャックは私のクラス の中で 2番目に背が高いです）
　　　the second〜 + -est　in　　　　　　　　　　…の中で　2番目に〜だ

This problem is the second most difficult of all.（この問題は全部 の中で 2番目に難しいです）
　　　the second most + 〜　of　　　　　　　　　…の中で　2番目に〜だ

Q 03 次の(1)−(4)の日本語を表す英単語を辞書で調べて書きましょう。

(1) 4 番目 ＿＿＿＿＿＿＿＿＿＿　　(3) 8 番目 ＿＿＿＿＿＿＿＿＿＿

(2) 5 番目 ＿＿＿＿＿＿＿＿＿＿　　(4) 10 番目 ＿＿＿＿＿＿＿＿＿＿

Q 04 次の(1)－(5)の日本文の意に合うように、下線部に適切な語を入れましょう。

(1) この本はこの図書館で２番目に古いです。

　　This book is ＿＿＿＿＿＿＿ ＿＿＿＿＿＿＿ ＿＿＿＿＿＿＿ in this library.

(2) この腕時計は彼の店で２番目に(値段が)高いです。

　　This watch is ＿＿＿＿＿ ＿＿＿＿＿ ＿＿＿＿＿ ＿＿＿＿＿ in his shop.

(3) このテストは全部の中で２番目に重要です。

　　This test is ＿＿＿＿＿ ＿＿＿＿＿ ＿＿＿＿＿ ＿＿＿＿＿ of all.

(4) この映画は５本の中で３番目におもしろいです。

　　This movie is ＿＿＿＿＿ ＿＿＿＿＿ ＿＿＿＿＿ ＿＿＿＿＿ of the five.

(5) ジョンはこの学校の中で４番目にたくさんの友達がいます。

　　John has ＿＿＿＿＿ ＿＿＿＿＿ ＿＿＿＿＿ ＿＿＿＿＿ in this school.

「より～」や「１番～」を表すとき、まったく形が変化してしまう単語もあります。

good (良い)　⇨　better (より良い)　　best (１番良い)
bad (悪い)　⇨　worse (より悪い)　　worst (１番悪い)
little (小さい、少ない)　⇨　less (より小さい、より少ない)　　least (１番小さい、１番少ない)

例　His music is good. (彼の音楽は良いです)
　⇨ His music is the best in the world. (彼の音楽は世界で１番良いです)

UNIT 24

「順位」を表す表現 ● 最上級

総合演習問題

Q 05 次のpassageを読み、以下の(1)－(3)の設問にトライしましょう。

🔊 Audio 52

What is the ①[fast] and safest form of transportation? Many say that airplanes are the safest and that their accidents rate is very low. Statistically speaking, airplanes have ②[few] accidents than cars or trains but, when an airplane crashes, it gets so much media coverage that makes you believe otherwise. Flying makes many people feel anxious and scared; maybe the reason is because being up in the sky gives you the feeling of instability and lack of control. For airplanes, most accidents occur on takeoff and landing, and that is why you must carefully listen to and follow the instructions given to you by the flight attendants. (A) **The second most important thing to do when flying is to keep your seatbelt fastened.** No matter how scared you are, don't forget that eventually airplanes really are the safest.

(1) ①—②の[ ]内の語について、fast は「1番〜だ」の形に、few は「より〜だ」の形にしましょう。

fast（最上級）: _____

few（比較級）: _____

(2) 下線部 (A) を日本語に訳しましょう。

(　　　　　　　　　　　　　　　　　　　　　　　　　　　　　　）

(3) 本文の内容に一致するものにはTに、一致しないものにはFに○をつけましょう。

① たとえ飛行機事故がマスメディアで報道されても安全性の印象は変わらない。[T / F]
② 飛行機事故は離着陸時に多く、客室乗務員の指示にしっかりと従う必要がある。[T / F]
③ 結局のところ、飛行機は1番安全な乗り物である。　　　　　　　　　　[T / F]

Q 06 次の表を参考にして、例にならって、(1)—(4)の都道府県についての英文を作りましょう。

【 都道府県の面積の大きさランキング 】
①北海道　②岩手県　③福島県　④長野県　⑤新潟県
⑥秋田県　⑦岐阜県　⑧青森県　⑨山形県　⑩鹿児島県

(例) 北海道 (Hokkaido) 〔※all the prefectures：すべての都道府県〕

　Hokkaido is the largest of all the prefectures in Japan.

(1) 長野県 (Nagano)

_____

(2) 新潟県 (Niigata)

_____

(3) 青森県 (Aomori)

_____

(4) 鹿児島県 (Kagoshima)

_____

「順位」を表す表現 ● 最上級　UNIT 24

Q 07 次の(1)－(5)の日本文の意に合う英文を作りましょう。　Audio 53

(1) 野球はすべてのスポーツの中で1番人気があります。〔※人気がある：popular、スポーツ：sport〕

_____

(2) この学校は私たちの市で1番古いです。

_____

(3) 私のクラスはこの学校の中で1番よいです。

_____

(4) この本は5冊のうちで2番目におもしろいです。

_____

(5) 私の弟はクラスの中で2番目に速く走ることができます。

_____

Q 08 何人かでグループを作り、例にならって、「グループの中での順位」をつけ、それに関する文を英語にしましょう。当てはまる語が分からない場合は辞書などで調べましょう。

(例) 年齢
　I am the second oldest in this class.

(1) 身長

_____

(2) 体重

_____

147

JPCA 本書は日本出版著作権協会（JPCA）が委託管理する著作物です。
複写（コピー）・複製、その他著作物の利用については、事前に JPCA（電
日本出版著作権協会 話 03-3812-9424、e-mail:info@e-jpca.com）の許諾を得て下さい。なお、
http://www.e-jpca.com/ 無断でコピー・スキャン・デジタル化等の複製をすることは著作権法上
の例外を除き、著作権法違反となります。

A Primer of Communication in English
発信型コミュニケーション基礎英語

2017 年 4 月 10 日　初版第 1 刷発行
2020 年 3 月 10 日　初版第 3 刷発行

著　者　小山政史／中桐謙一郎／福森雅史／森山オアナ／森山智浩

発行者　森　信久
発行所　株式会社　松 柏 社
　　　　〒 102-0072　東京都千代田区飯田橋 1-6-1
　　　　TEL　03 (3230) 4813（代表）
　　　　FAX　03 (3230) 4857
　　　　http://www.shohakusha.com
　　　　e-mail: info@shohakusha.com

装　幀　小島トシノブ（NONdesign）
挿　絵　うえむらのぶこ
本文レイアウト・組版　株式会社インターブックス
印刷・製本　中央精版印刷株式会社

略号＝ 725
ISBN978-4-88198-725-4
Copyright © 2017 by Masashi Koyama, Ken'ichiro Nakagiri, Masafumi Fukumori, Oana Moriyama, Tomohiro Moriyama
本書を無断で複写・複製することを禁じます。
落丁・乱丁は送料小社負担にてお取り替え致します。